La palabra rebelada/revelada:

el poder de contarnos

Compilado por
Marianela Medrano y
Miriam Mejía

La palabra rebelada/revelada: el poder de contarnos
Compilado por Marianela Medrano y Miriam Mejía
Ediciones Femlibro

© 2011

ISBN 978-0-9816086-8-6

Diseño gráfico, tipografía del libro por Patricia Alvarez

Pintura de portada *Pelo Azul (Blue Hair)* por Tanya Torres
Acrílico y creyón sobre lienzo (Acrylic and Water-soluble crayon on canvas)
16" x 20", 2008, www.tanyatorres.com

Una publicación de Guapané, www.guapane.com
Impreso en los Estados Unidos de América.

La palabra rebelada/revelada:

el poder de contarnos

Compilado por
Marianela Medrano y
Miriam Mejía

Ediciones
FemLibra

Editorial Guapané

Contenido

i. Presentación

La feria del libro de Escritoras Dominicanas en New York en su 8va versión, celebrada en el 2011, se honra en poner en manos del público lector la presente edición del libro *"La palabra rebelada/revelada: el poder de contarnos"* una compilación de historias de vida y su interrelación con el quehacer literario de ocho reconocidas escritoras dominicanas de "aquí y de allá". Trabajando la palabra desde el aquí lejano y marcador nos cuentan sobre sus vidas: Aurora Arias, Annecy Báez, Dinorah Coronado, Karina Rieke e Yrene Santos. Desde el allá, con palabras arreboladas de sol tropical y nacidas de una fértil introspección, dejan oír sus voces: Ángela Hernández, Emelda Ramos y Jael Uribe.

La Feria del Libro es un proyecto cultural del Centro de Desarrollo de la Mujer Dominicana y Alianza Dominicana que desde el 2004 y de manera ininterrumpida, ha ido consolidando sus objetivos. Desde su comienzo, la feria ha constituido un espacio para el fomento y apoyo de la creatividad literaria de mujeres dominicanas y latinas residentes en la urbe neoyorquina y otros lugares aledaños. Un espacio que auspicia e incentiva el que mujeres artesanas, pintoras y fotógrafas expongan su producción artística De manera amplia ha permitido también, el forjar un proyecto de colaboración comunitaria entre distintas organizaciones e instituciones entre las que se destacan la Escuela Secundaria Gregorio Luperon, el Instituto de Estudios Dominicanos, Hostos Community College, Cuny in the Heights, Culturate, Broadway Housing Community, Restaurante el Malecon, Librería Caliope, Librería Continental, Lectorum, Revolution Books y Club del Libro Dominicano.

La planificación del evento conlleva varios meses de reuniones de un equipo de mujeres en donde las diferencias de criterios, similitudes y trabajo arduo concretizan una actividad que enaltece el espíritu creativo de la mujer.

La feria auspicia un concurso de literatura para mujeres jóvenes en coordinación con la Escuela Secundaria Gregorio Luperón y agencias comunitarias, como forma de incentivar la creación literaria entre las estudiantes. Es al mismo tiempo, una forma de estimular y dar cauce a su potencial como escritoras y de esa manera seguir abonando el campo de la literatura hecha por mujeres. Cada año se imparten talleres de motivación a la escritura a un promedio de 20 jóvenes, los trabajos resultantes son compilados y publicados. Fruto de esa experiencia, en el 2009 se publicó el libro "El final del silencio" y en el 2010 "Pincelando las palabras" ambos conteniendo poemas de más de 40 jóvenes concursantes. De igual manera, se implementan talleres de escritura para mujeres en diferentes géneros literarios. Esos talleres son impartidos por destacadas escritoras dominicanas.

Un logro hermoso de la feria lo constituye la producción del disco compacto "Del poema a la canción" en el 2008 que incluye nueve poemas musicalizados de reconocidas poetas dominicanas en las voces de Xiomara Fortuna, Sonia Silvestre, Irka Mateo y Carolina Rivas.

En los últimos años, la feria ha celebrado con mucho entusiasmo la tanda de "las mañanas y/o tardes de libros nuevos" la cual ha ido adquiriendo una relevancia central. Es un espacio genuino de promoción, reconocimiento y regocijo de la producción de libros, realizada por mujeres escritoras dominicanas. En la celebración de la feria del 2010, la puesta en circulación de diez libros nuevos formó parte del desarrollo de la programación del día. Entre ellos, los libros "Aristas ancestrales", "Discípula de la vida" y "Mujeres en claves" fueron editados directamente por la feria a través de la Editora Guapané.

La celebración de la 8va versión de la feria titulada "La poesía antillana en el norte: huellas de mujeres" rindió tributo a la poesía antillana y mas específicamente al legado de mujeres escritoras de Cuba, Puerto Rico, Haití y República Dominicana. Durante la misma, seis libros fueron puestos a circular en una fiesta cultural que contribuye a expandir la bibliografía hecha por mujeres.

Con la publicación de este libro, la feria ha dado otro paso en firme hacia su consolidación. *"La palabra rebelada/revelada: el poder de contarnos"* es un legado referencial cuando se analice la interrelación entre vida cotidiana y creación literaria de las escritoras dominicanas. El libro se publica bajo el nuevo sello de la feria *Ediciones Femlibro*.

Hortensia González-Gómez
Miriam Mejía

ii. ¿Ángel o Demonio?

La Palabra Rebelada/Revelada: el poder de contarnos es un primer intento de diálogo con nuestras escritoras que esperamos dé paso a otras discusiones necesarias sobre el tema. Por razones de tiempo y presupuesto esta publicación recoge una muestra limitada, de las tantas voces de mujeres escritoras que pueblan el espacio literario dominicano de hoy, tanto en los Estados Unidos como en la isla misma.

Guiadas por la intención de develar el arte de contarnos a través de la ficción o la poesía, Miriam Mejía y yo, lanzamos la invitación a nuestras colegas a desnudarse en sus historias, sin miedo a la vulnerabilidad que tal desnudez trae. Les pedimos contarnos acerca de esa mujer que vive, respira, transpira, detrás de la obra. El tiempo de la mujer angelical ha caducado, vivimos en la época de las atrevidas, las osadas, las no dispuestas a permitir que el óxido inunde los aposentos del cerebro. Si echamos una mirada a la trayectoria y la rapidez que atañen al progreso de las escritoras dominicanas, encontraremos un movimiento palpable entre las diferentes generaciones; tal deslizamiento denota el avance de la mujer, no solo en el renglón literario sino en los diferentes sectores de sus vidas.

Las ocho escritoras que aparecen en este libro forman un verdadero tapiz multicolor y multiforme, con ocasionales convergencias, como es el tema de la dualidad ángel/demonio que ya muchos años antes explorara Virginia Woolf en su ensayo sobre las mujeres y la profesión de escribir. Este binomio lo utilizaré como metáfora para ofrecer una lectura de esta compilación. Otro hilo conector que presentan los testimonios de las escritoras es la desigualdad social y su impacto en su formación como sujetos, elaborados en las historias de Ángela Hernández, Yrene Santos y Karina Rieke. En el caso de muchas, el complejo y enredado mundo de la maternidad nutre y a la vez se interpone entre la creadora y la página. Annecy Báez, Jael Uribe, Emelda Ramos, Karina Rieke y Dinorah Coronado, comparten la visión de la escritura como bálsamo alentador. A todo lo largo de este libro, para fortuna nuestra, el tejido se agranda y las formas armonizan, a pesar de la singularidad del entorno de cada una.

Cada casa tiene una" decía la Woolf, refiriéndose al ángel, a ese ser "intensamente empático," "inmensamente encantador" "que no sabe de egoísmo." En otras palabras, y siguiendo la lógica de la escritora inglesa, el ángel de la casa es esa mujer que cuando sirve el pollo en la cena le sirve la mejor parte a los demás y ella se sirve las patitas flacas, y sin carne. Es en fin, esa mujer cultivada para no tener deseos propios, para preferir la empatía y el deseo de acomodar al otro; la mujer "pura y virginal" que ha vivido en la escritura del hombre. Por fortuna, las escritoras que aquí nos ofrecen sus historias de vidas, desnudas, vulnerables, son autoras que han descubierto senderos que las llevan a preferir en muchas instancias la textura salvaje y demoníaca que se palpa al intentar romper con el orden establecido. Estas voces no pretenden adular sino alzarse, establecerse como tales.

Esa mujer ángel doméstico que interfería entre Virginia Woolf y la escritura, la que "molestaba y perdía tiempo, la que se atormentaba tanto" que la Woolf tuvo que matarla, parece ser la misma que inquieta a este grupo de escritoras dominicanas. Las propuestas de estas ocho voces demuestran una conciencia que lucha por escapar del influjo del ángel para denunciar. Estas voces divorciadas del Marianismo, de la sumisión, son un balde de agua fresca sobre el calor soporoso del Caribe.

En su introducción de *Sin Otro Profeta que Su Canto* (1988) Daisy Cocco De Filippis lanza una pregunta que ha resultado vital para las escritoras dominicanas: ¿cómo se explica el haber silenciado a la mujer por tantos siglos? Al parecer su pregunta picó la curiosidad de las creadoras y por fortuna, y gracias a la labor de investigadoras como De Fillippis, este grupo de mujeres escritoras, al igual que sus colegas, no están silenciadas. Ellas se han adueñado de la palabra y del espacio. El tema de la mente o el cuarto propio, la idea de correr el cerrojo y dejar afuera al ángel temeroso y placentero para convertirse en medusas que con decisión bajan el pestillo, es un punto conexo en las ocho voces incluidas aquí.

Otra analogía es la búsqueda de la educación como vehículo hacia la libertad personal, como vía hacia el reclamo de un lugar en el mundo literario y social. Me refiero no sólo al logro de un título académico, sino también al acceso a premios y publicaciones de relieve en varios puntos del mundo, como es el caso de Ángela Hernández, Aurora Arias y Emelda Ramos, quienes han sido traducidas a varios idiomas.

Este libro es un "mujerario" donde cada autora ha sido invitada a definir su "humanidad" y cómo esa humanidad las llevó al sendero de las letras. Aquí hacemos eco a la pregunta que en su ensayo hiciera Woolf: ¿Qué es ser mujer? Como ella, no tenemos una respuesta exacta. Sin embargo, no tememos al desafío de intentar discernir puntos claves. El primer paso lo tomó Aída Cartagena cuando fijó su silueta gigante en el mundo literario dominicano con su "Aquí hace falta una mujer y esa mujer soy yo." Ese primer paso nos hizo la vida diez mil veces más fácil. Seguimos este intento de esclarecer, con nuestros fracasos y nuestros logros; seguimos la ardua tarea de establecernos como entes, para garantizar que nunca más volveremos a aparecer en el paréntesis del mundo de los hombres.

Probablemente estas historias estén salpicadas por un tinte de ficción, como es natural, porque, para hacer eco de las palabras de la escritora egipcia Nawal El Saadawi: "La verdad cambia, nunca es igual, como el mar, como el movimiento del agua, del aire y de la tierra… esta dificultad se da tanto en una autobiografía como en una novela, porque no proviene únicamente de las limitaciones del lenguaje. La imaginación, los sueños, la realidad y la memoria están encerrados entre muros y son más lentos que la cambiante realidad." La autobiografía o el testimonio son realmente una simulación de la realidad.

El encuentro con lo imaginario tiene para estas escritoras matices muy propios. Para Ángela Hernández, el ingreso al mundo fantástico comienza temprano: "Una noche, en vísperas de las navidades, salió por el norte un globo luminoso, cuyo tamaño equivalía a unas cinco veces el de la luna llena. La información se regó rápidamente por las hileras de casas. En breve, las personas de todas las edades llenaban la única calle. Con los cuellos estirados, observábamos la esfera de luz dilatarse al compás de quién sabe qué ritmo, hasta difuminarse en el firmamento."

Y es con el cuello estirado que esta creadora sigue trazando su camino, con una curiosidad de genio que es aumentada por su entrenamiento como científica. Hernández encuentra sus aleaciones creativas en la realidad rural que se intercepta con el mundo urbano que descubre cuando llega a Santo Domingo desde Buena Vista. Su facilidad de contar nos mantiene a todos en vilo, esperando por la próxima historia. Para decirlo al estilo Woolfiano, esta muchacha de Buena Vista es una medusa que aprendió el arte de matar ángeles. Existe en Hernández una fuerza que viene de ese tono extraído de nuestra tradición oral, de la cual ella está muy consciente: "La gente se reunía a comentar rumores, mezcla de las nuevas traídas por viajeros con hechos reciclados por la memoria popular y deliciosas extensiones de imaginería, acicateadas por el morbo o la pura esperanza."

Emelda Ramos se recuesta con una gracia única en la oralidad para darle a sus historias el tono seductor que las caracteriza. Tal como reconoce ella cuando cuenta su encuentro con una prima quien le comenta haberla recordado siempre como la *cuentacuentos* de la familia: "Dicho esto, me dio un abrazo apretadísimo y se fue como había aparecido, dejándome en la nube de una epifanía, investida con el reconocimiento de un oficio inmemorial, el de cuentacuentos y, curiosamente, hasta aliviada del temor que sentía por la oposición del médico a que aún convaleciente de bronquitis, me expusiera al frío otoño neoyorquino."

Gracias al universo por la testarudez de esta escritora que llegó con su maleta de cuentos a quedarse en nuestra memoria. Aún seguimos viendo a esa niña locuaz que contaba cuentos, solo que ahora tenemos el privilegio de también escuchar la voz de la mujer educada, sabia, conocedora de mundos que desde su pueblo escondido se mueve con soltura por el mundo.

Por otro lado, en esta compilación se verifica cómo la sombra de uno de los grandes tiranos de la historia dominicana, Rafael Trujillo Molina, sigue varada en la psique dominicana, y no es de extrañar que el repudio a esa sombra sea otro nexo en estas historias. La sombra del chivo sigue acechando en la memoria colectiva. Tal es el caso de la historia contada por Hernández: "El dictador venía al hotel Montaña a apadrinar bodas y se decía que si se prendaba de la desposada, el cadáver del consorte sería encontrado luego por los campesinos en la grimosa manigua." En el caso de Arias, la historia es más personal y dolorosa: "un respetado profesor del liceo secundario donde mi padre estudiaba siendo un jovenzuelo, lo abofeteó por haberse atrevido a decir algo en contra de Trujillo en medio de la clase. A partir de aquel hecho, el muchacho pueblerino de espíritu rebelde que creció dentro de una de las peores dictaduras conocidas en el continente, encontró en el alcohol un escape. Al menos, así solía mi padre relatar el inicio de su afición por la bebida."

La historia de Annecy Báez nos deja de frente a una complejidad que no se puede obviar. Por un lado Báez dice: "Crecí entre historias, entre la narrativa constante de mi familia, pero también crecí con el silencio de la pena y el dolo" y prosigue: "Mi abuela me miró con una mirada triste y distante, y acercando los dedos arrugados a sus labios me pidió que mantuviera silencio sobre lo que me iba a decir, su miedo era palpable, *era horrible, esa dictadura,*" y recordó cómo se llevaron al señor que vivía al lado de ella, "su esposa se había ido a visitar a su familia cuando se lo llevaron, y él vino a decirme que le dijera lo mucho que la amaba." Mi vieja me agarró las manos y me dijo llorando: "recuerdo cuando ella volvió de su viaje, y se tiró en el piso desesperada...cuántos muertos, y cuántos desaparecidos." Pero cuando me iba a decir más sobre un joven muchacho que siempre le traía plátanos y que un día no volvió, una de mis tres tías paró nuestra íntima conversación."

Otro hilo común en nuestras escritoras invitadas ha sido el escaso acceso a una literatura diversa, a los libros. En el caso de Hernández, como en el de muchas otras, la ausencia de libros apuntaló la capacidad creativa: "En Buena Vista no había libros, pero sí viva realidad para leer." Todas describen una avidez por devorar libros, por digerir el mundo literario a grandes sorbos. La alquimia de la palabra emerge en estas historias de vida. El influjo de la palabra escrita parece transformarlas, sin importar los géneros, desde las novelas rosa de Corín Tellado hasta la Ana Karenina de Tolstoi; desde la pasión de una Juana de Ibarbourou hasta la rebeldía de Sor Juana Inés; desde los boleros de Gilberto Monroig hasta La Cucarachita Martina, todas coinciden en que el encuentro fue transformador.

El camino de Aurora Arias hacia los cuentos urbanos se remonta a esos momentos en que el ojo avispado de su más temprano ser se posa sobre el entorno familiar, sobre la figura de un padre bohemio y soñador con el cual ella aprende a subir a las nubes altas del ser creativo. Desde la altura de sus cinco años, Arias contempla ese mundo prohibido de la calle; mundo que la imantaba con su vuelo de posibilidades: "Pero sé que no puedo seguirlo a ese mundo citadino hecho de calles y callejones, traspatios, bares y parrandas en las que, según escuchaba quejarse continuamente a mi madre, él se perdía." Tal vez haya sido ese mismo pesar, la nostalgia por aquellos años lo que ha mantenido el ojo curioso de Arias rastreando realidades de la experiencia urbana; ese mismo ojo de niña curiosa y confundida ante el mundo absurdo, cuenta con una propiedad fuera de lo común, sobre seres fantásticos, a la vez terriblemente familiares como los de su *Invi's Paradise*.

Arias reconoce la importancia vital de los espacios y construye su "cuarto propio" desde una edad tierna. Busca, edifica el espacio vital debajo de una casita de campaña hecha de sábanas, en la barriga de un armario y más tarde en el abrazo citadino. Esta maga de la palabra astuta y precavida construye espacios a como dé lugar. Otras veces, es desde una guagua que deja caer su ojo curioso: "… a principios de la década de los ochenta, me dediqué a "janguear" por la ciudad de Santo Domingo, montada en una guagua. A la salida de la universidad o del secretariado (a cuyas clases, confieso, no siempre asistí) solía tomar la ruta 5, línea de autobuses que atravesaba la ciudad de un extremo a otro, desde la estación principal ubicada en el sector de Herrera, en el lado suroeste de la capital, hasta el sector de Villa Duarte, al otro lado del puente. Llevaba conmigo una especie de libro-cuaderno-diario en el que escribía mis poemas y pensamientos."

El asunto no es tan sencillo, no se trata tan solo de mirar y escribir, también está la otra parte, la más compleja, la publicación. Como dice Arias: "Publicar es un ejercicio de desnudez, por no decir, de nudismo." Y continúa: "A veces he pensado que la ingenuidad me sirvió de mucho. Otras veces, me parece que lanzarme a publicar mi primer libro pudo no haber sido un acto de valor ni de ingenuidad, sino de puro sincronismo con un reloj biológico literario, por así llamarlo, que todo escritor/a lleva dentro, y que si llegamos a contactar, respetar y reconocer, nos ayuda a encontrar el tiempo correcto para sacar a la luz nuestra obra creativa."

Arias ofrece su versión de la entrada al mundo literario dominicano, entrada que para muchas de estas escritoras fue un camino rocoso al que solo se puede ascender si se deja atrás la mojigatería del ángel de la casa, para demandar un espacio propio. Lo reconfortante es saber que de esas aprehensiones que sobrecogieron a generaciones de escritoras solo quedan las historias para contar, porque las escritoras han dejado atrás la costumbre de pedir permiso para existir; cuestión que obedece a más de un factor, como es la libertad financiera, la presencia pública y sobre todo la presencia de mujeres en la academia.

Los elementos de la religiosidad familiar o del entorno, parecen también ser vistas fijas en la memoria de nuestras escritoras. Arias describe sus tardes llenas del: *"Santa María Madre de Dios ruega por nosotros pecadores ahora y en la hora de nuestra muerte amén del rosario radial."* Yrene Santos, con su acostumbrado apego a lo familiar, la característica nota nostálgica dice: "¿Cómo olvidar el Santo Rosario en familia a las seis de la tarde transmitido en Radio Santa María?". En el caso de Santos, continuamos a la expectativa de cómo la demonio, que es capaz de matar al ángel de la casa, continuará su paso por la literatura más allá de lo que reza el rosario. Aunque ya en su libro *Desnudez del Silencio* nos ofreció una primicia de su transgresión a los preceptos católicos en su poema "La Pestaña de Dios". En este poema la poeta habla de un "sol que amanece en el semen de los ángeles," develando un entendimiento que va más allá de la letanía del santo rosario.

La misma nostalgia que verificamos en Santos, es una saliente nota en la historia de Báez: "En Santo Domingo desayunaba poesía, pues Papi después de leer el Listín me dejaba recortar los poemas que allí se publicaban, poemas de diferentes poetas dominicanos, que yo pegaba en mi diario." En la historia de Báez se acentúa el dualismo existencial de quien vive entre las aguas rápidas de dos culturas. Por un lado está la escritora que se siente cómoda escribiendo en inglés, y por el otro, esta la voz ancestral, que se filtra en la memoria colectiva; esa fuerza que arrastra al ser humano hacia lo primario; esa fuerza que toca las fibras del reptil durmiente en la base de nuestra espina dorsal. En su libro *"Through My Daughters Eyes: and other stories,* sentimos ese vaivén, ese estar parada con un pie aquí y el otro en la isla.

El tema de la literatura como ungüento curador, como asidero espiritual, es uno que no puedo dejar pasar por alto en esta intervención, ya que es un tema que me toca en lo personal, tema en el que encuentro una resonancia extraordinaria, y que además se repite en más de una voz. Comencemos por el ejemplo de Báez: "Escribir se convirtió en una terapia. También aprendí a ver el espíritu fuerte de los niños, y cómo ellos eran capaces de salir airosos de las más horribles experiencias." Dinorah Coronado también apunta: "Hablar cura", decía Freud. Me atrevo a parafrasearlo con la frase "Escribir sana". Lo he percibido toda mi vida, para cuyo trayecto he puesto en las maletas a dos amigas inseparables: la literatura y la psicología." Coronado enfatiza: "Recuerdo la timidez que me afectaba en la adolescencia y el efecto curativo que ejercieron la poesía y el teatro en mí. Con la guía de mi maestra de literatura memorizaba, escribía poemas; representaba personajes de obras leídas; podía mantener la concentración en el personaje, a pesar de la reacción de la audiencia, de la cual me asombraba al final, cuando advertía todos los ojos puestos en mí."

Rieke se une a este sentimiento y señala: "La escritura se convierte en un desahogo necesario para respirar y a veces no puedo imaginarme cómo los jóvenes pueden atravesar por los conflictos de una adolescencia sin el alivio de escribir sus penas."

Jael Uribe hace eco a la percepción de la escritura como vehículo de sanación: "Mis letras fueron bálsamo anestésico ante la indiferencia, el abrazo cálido que nunca recibí. La confusión entre el yo de mi esencia, una juventud aleatoria de caminos bifurcados sin señalización y la insistencia de las voces de la razón que pregonaban incesantes "…deberías hacer esto y lo otro…", me arrastraron aún con más ahínco a las letras, despeñándome por los caminos de la tinta, y embadurnando de negro mi color."

Uribe profundiza aun más: "Me vi postrada en una cama de hospital con comienzo de cáncer luego de haber pasado dos años de agónico dolor sin poder caminar, y sin encontrar el origen de aquella dolencia que me robó la alegría, las ganas de vivir y pudiera decir que hasta la esencia de lo que yo era." Experiencia de la que parece salir bajo el halo redentor de la escritura: "Escribí para no morir" puntualiza.

Otra nota que resalta en la historia de Uribe es su destreza navegando por el mundo cibernético, como medio para difundir temas espirituales y literarios. A través de este medio a moderado importantes conversaciones entre mujeres de diferentes partes del mundo y cito: "Mujeres Poetas Internacional, es el resultado de mi propia lucha y el legado tangible de la supervivencia de muchas, que como yo, hoy nos levantamos para unir nuestras voces y juntas poder gritar con más fuerza." Es alentador ver como las voces jóvenes se ensartan al paso rápido y globalizador de la tecnología para expandir el radio de alcance y, sobre todo, para abrir diálogos entre las mujeres del mundo.

Sé por experiencia que "matar al ángel" no es tarea fácil, ella vuelve, se mete sigilosa en la doblez del pensamiento. La vigilancia es constante, el amago siempre debe estar presto, para apartar sus alas, impedir que caigan sobre la página y cubran nuestra verdad. Como dijo Woolf, "matar el ángel de la casa es parte del trabajo de la mujer escritora". Lo importante es aprender a coger el tintero, en el caso moderno, coger la computadora y arrojarla sobre el ángel de la casa cada vez que intente opacar la mente propia, el derecho inalienable a contar nuestra verdad.

Leyendo las historias de cada una, no pude evitar notar los deslindes tan pronunciados en la curvatura de la escala; unas se han entrenado más que otras en este nuevo ser mujer. Este desnivel, claro, también se debe a oportunidades, a asuntos de cronología y hasta de personalidad. Lo importante es que de un modo u otro, todas han entonado sus voces hacia posturas más revolucionarias.

Si echamos un vistazo a la literatura dominicana escrita por mujeres en las últimas tres décadas, debemos reconocer que estamos paradas en los hombros de muchas otras como Chiqui Vicioso, Jeannette Miller, Soledad Álvarez, Rhina Espaillat, Julia Álvarez y Ligia Minaya y que además tenemos el auspicio de voces jóvenes como Farah Hallal, Rita Indiana, Angie Cruz, Claribel Díaz, Nelly Rosario y Kianny Antigua, por nombrar algunas que no pueden quedarse en la sombra si intentamos una vista rápida de la panorámica literaria en el contexto de la mujer dominicana. Como señalo al principio, este es el primer paso de una jornada más larga.

A pesar de que las historias de las escritoras ochentistas y las que comenzaron a escribir en el despunte del dos mil, mantienen un hilo conexo en cuanto a las privaciones y los obstáculos que han tenido que vencer, si comparamos los planteamientos veremos un desplazamiento hacia una esfera más optimista en ambas partes. Creo que a estas alturas las escritoras dominicanas están respirando más a sus anchas, sin la presión que la dominación masculina supone. Los discursos se mueven más y más hacia el optimismo y la auto-valoración.

Queda pendiente una exhaustiva mirada a los procesos y los logros de las escritoras en los últimos 25 años, para ver cómo los temas, aún esos que prevalecen, tienen un matiz diferente. Aunque la mujer escritora dominicana por lo general, todavía explora el doble contexto de reivindicación y repudio a la opresión, desde los ochenta, ha existido un giro hacia el autoexamen. El gran desafío continúa siendo la necesidad de balancear ambas vertientes, lo personal y lo público, para producir un trabajo que persista la prueba del tiempo.

Una de las intenciones de esta recopilación es la de propiciar el acercamiento de las escritoras a su proceso autorial, para decirlo en las palabras de la escritora feminista Margara Rossotto. Me refiero al proceso que permite hablar con autoridad sobre lo que se quiere contar. Existe una yuxtaposición del escenario sociopolítico con la condición de mujeres de avanzadas y tal amalgama engorda los argumentos no solo cuando hablan de sus vidas sino también, cuando analizan su proceso autorial. Estas son escritoras que genuinamente se han identificado con la idea de autoridad que por fuerza acompaña el acto de revelarse y rebelarse en la escritura.

Como la Woolf, estas escritoras -unas con más claridad que otras- se percatan de la presencia molestosa del ángel con sus alas "cayendo en la página" apremiando a escribir desde la perspectiva de la que tiene que ser "suave," "empática", "adulona" y hasta encubridora de la verdad". Tal descubrimiento las ha impulsado a volcarse en estas voces desafiantes que llaman las cosas por su nombre, caiga quien caiga; prefieren el demonio y no al ángel domesticado que las habita. Esto nos alienta a continuar el diálogo.

Marianela Medrano

Ángela Hernández Núñez

Nació en Buena Vista, República Dominicana, el 6 de mayo de 1954. Narradora y poeta. Textos suyos se han traducido al inglés, francés, italiano, islandés, noruego, alemán y bengalí. Premio Cole de novela corta, a la novela *Mudanza de los Sentidos,* 2001. Premio Nacional de Cuentos, 1997. Otorgado por la Secretaría de Estado de Educación y Cultura al libro *Piedra de Sacrificio.* Y Premio Nacional de Poesía 2005, otorgado por la Secretaría de Cultura al libro *Alicornio.* Dirigió la revista literaria Xinesquema. Es Miembro Correspondiente de la Academia Dominicana de la Lengua.

I. La imaginación al ruedo: Los senderos elásticos Amor sin objeto.

Ángela Hernández

LOS SENDEROS ELÁSTICOS

Límites

Nací en Buena Vista, un minúsculo valle en la Cordillera Central, en el medio de la isla que compartimos con Haití. Allí, salvo algún texto religioso, no había libros, pero sí provocaciones para la imaginación. Una noche, en vísperas de las navidades, salió por el norte un globo luminoso, cuyo tamaño equivalía a unas cinco veces el de la luna llena. La información se regó rápidamente por las hileras de casas. En breve, las personas de todas las edades llenaban la única calle. Con los cuellos estirados, observábamos la esfera de luz dilatarse al compás de quién sabe qué ritmo, hasta difuminarse en el firmamento. Nunca supimos qué había sido ese fenómeno.

En esa zona de aguas voluptuosas y duales –tanto caricia como amenaza– el crepúsculo era marcado por blancas bandadas de garzas y escándalo de pájaros. Las horas se medían por las sombras proyectadas por las casas y, a falta de noticieros, al anochecer, la gente se reunía a comentar rumores, mezcla de las nuevas traídas por viajeros con hechos reciclados por la memoria popular y deliciosas extensiones de imaginería, acicateadas por el morbo o la pura esperanza. A veces, de sopetón, el destino local se conectaba con todo el exterior. Por ejemplo, en la década del cincuenta, el dictador Trujillo, ordenó construir un campo de aviación militar. Los efectos en la realidad local fueron notables. a) Técnicos y trabajadores foráneos preñaron muchachas en flor; una vez terminada su misión, partieron para siempre, con lo que quedó por primera vez en el sitio un grupo de hijos de nadie, un nuevo estilo de huérfanos. b) El primer avión aterrizó cuando aún no se había asfaltado el campo, quedando entre una nube de polvo que impidió a los cientos de campesinos, desgranados desde las lomas vecinas, capturar los detalles de la máquina voladora, la cual partió antes de que las sorprendidas bocas concluyeran su ¡ah! Más adelante, después de muchos tumbos por el aire con una humareda en la cola, un aeroplano aterrizó de emergencia. Fue todo lo que acaeció en el campo de aviación, arado poco después, para impedir que en él aterrizaran los aviones cargados de exiliados guerrilleros que venían a derrocar la dictadura. La gente se mantenía atisbando los cielos.

En Buena Vista no había libros, pero sí viva realidad para leer. Aparecían ciclones que doblaban las casas y estruendos de granizos. El dictador venía al hotel Montaña a apadrinar bodas y se decía que si se prendaba de la desposada, el cadáver del consorte sería encontrado luego por los campesinos en la grimosa manigua. Durante la revolución de 1965, había familias con hijos en la Capital ubicados en bandos contrarios; quienes durante las batallas en la ciudad producían celajes o desandaban los pasos en su pueblo natal. Había apellidos santos que generaban ángeles y echa días y apellidos malditos que parían salteadores y cueros. En una casa, por la que se eludía cruzar, el padre se ahorcó, la madre criaba sapos y serpientes —se decía— y los hijos, un montón de varones, andaban desperdigados por el sitio mostrando a cada rato sus instintos desadaptados y rencorosos. Había niñas y niños *recentinos,* niños y niñas *anortados* e infantes de Dios que no llegaban a crecer porque eran de Dios. Abundaban las residencias de turistas levantadas en verdes extensiones por las que se paseaban perros de pelambres llameantes y hermosos caballos de paso fino. Había enfermos que guardaban su ataúd bajo la cama, adquirido con los ahorros de años, a fin de no producir problemas a los pobres vivos. La virgen Milagrosa visitaba cada atardecer a una familia distinta; un guitarrista se moría de pena después de ofrecerles serenatas a todas las solteras sin conseguir el favor de ninguna. Manuelico, un hombre con un centenar de años, curaba cueros de reses para suelas de zapatos y los vendía peinando a pie los poblados diseminados en las lomas; una muchacha jugaba béisbol mejor que todos los varones; un despechado tomó negro eterno y una despechada vidrio molido; había sueños y un hilo caliente en la memoria…

Encuentro

En Buena Vista no había libros… Es la causa de que los amara con fervor premonitorio. Ellos cifraban la lumbre y la canora nostalgia, ¿de qué?

A los cinco años me topé con la primera obra. Me encontraba en un banco de madera, aguardando por mi madre, frente a dos jovenzuelas que hojeaban el libro. A veces me miraban de soslayo y volvían a sumergirse en lo suyo. Yo estiraba el cuello, alcanzaba a vislumbrar la figura de un niño. Sobresalían los colores dorado y azul marino. No me atrevía ni siquiera a incorporarme. Mi mamá regresó con el dueño de la casa, alcalde de la localidad, quien se suponía iba a curarme de la conjuntivitis que cada dos o tres meses poblaba mis ojos de sangrientos hilillos. Contrariado, Atilano Concepción, así le llamaban, arrancó el libro a las muchachas y, sin decir una palabra, se dirigió a una alacena. Allí acomodó el objeto en una caja de embalajes de arenques llena de algodón, tal si se tratara de una reliquia. "Un vidrio de Belén", murmuró mi intrigada madre. Se daba por hecho que el vidrio de Belén era la cosa de máxima fragilidad existente en la tierra, se podría desmoronar con un suspiro. Fue ésta la primaria idea que concebí en torno a un libro: materia delicada, casi del otro lado.

Hacía solo unos meses que Atilano, en su condición de autoridad, había guiado a las tropas gobiernistas por entre las montañas, en la persecución de los guerrilleros, o barbudos como se les conoció entonces, quienes habían arribado al territorio nacional con la quimera de derrocar la dictadura.

Luego que fueron apresados, el alcalde, como hombre de confianza de los militares, tuvo la oportunidad de conocer de cerca a los ilusos guerreros y conversar con algunos antes de que los sacrificaran. Había uno muy joven. Al alcalde le parecía una contradicción que aquel individuo escuálido y con cutis de mujer hubiera cargado un fusil, una mochila repleta de municiones y un espíritu de combate. "Campesino del coño, ¡cuántas veces te tuve en la mira. No disparé a los guardias para no matarte!", le expresó malhumorado el muchacho. "Los van a fusilar", le replicó el alcalde. Después de apurar el café, el guerrillero le observó condescendiente. "No se apure. Usted no tiene la culpa", le dijo. Solicitó mantener consigo el libro que cargaba en su mochila. Quería que después que lo fusilaran se lo entregaran al campesino. Se trataba de *La edad de oro* de José Martí. El volumen exhibía una dedicatoria de una línea, escrita con tinta carmesí.

Mucho tiempo después, en 1997, durante la primera Feria Internacional del Libro en Santo Domingo, mi hijo me regaló *La edad de oro*, de José Martí, con la siguiente dedicatoria: "Para la madre más bella del mundo, con la mente más clara en él. De: el hijo de la madre más bella del mundo, con la mente más clara en él. Giordano Sosa". En un instante, allí, bajo la canícula del meridiano, mi memoria desanduvo un montón de años, hasta El Río de Constanza, la alacena, la caja llena de algodón y el libro del joven guerrillero. Evoqué la dedicatoria de una línea y con toda claridad vi que se la había escrito la madre, para el hijo más bello del mundo con la mente más clara en él. Libro y vida quedarían sepultados en las frescas y verdes montañas de Constanza.

Al cumplir diez años de edad, en uno de los tantos lugares en que viví, me obsequiaron una *Geografía Universal*, fruto de la penitencia que las monjas del colegio impusieran a la hija de un general activo. Recuerdo el color azul tierra en alto tono y el dibujo del sistema solar en la dura carátula. Lo abría, después de extasiarme con su sola presencia, y ahí, la Vía Láctea, las constelaciones, cordilleras, cañones como de fuego, fondos oceánicos, desiertos que desbordaban la página, cataratas, finos saltos de agua, detalles de vértigo y asombro: ¿Todo eso existía? ¿Dónde se hallaban estas maravillas?

En el hogar que me acogía, en el barrio de la Base Aérea de San Isidro, había una Biblia. Un regalo a la familia de parte de uno de los marines, un simpático soldado puertorriqueño que tocaba rancheras para las muchachas del barrio de alistados y al mismo tiempo participaba en las incursiones de "limpieza" de constitucionalistas; operaciones, dicho sea de paso, bendecidas por el cura capellán de la Fuerza Aérea Dominicana, un viejo español tembloroso, con rango de coronel, miembro en su juventud de las falanges franquistas. "Para que haya paz, hay que hacer la guerra", sermoneaba este sacerdote, aficionado a pellizcar a las niñas.

En soledad, cuando me dejaban al cuidado de la casa, me embarcaba en *La Biblia*. Cataratas de letras. Laberintos de años. Apuré El Génesis. Qué historia. Leí el segundo libro, y el tercero... y durante los días siguientes *enfermé* -para no ir al colegio-, arrobada por Abraham, Salomón, Ruth, David, Esther, los profetas, Moisés, Job, Betsabé... y ese Dios terrible de pruebas y propiciaciones, que tanto proveía como arrebataba. Páginas y páginas siguiendo a lágrimas vivas la zozobra y encantamiento de gentes que interrogaban al cielo en busca de adivinar los deseos de su Dios único, implacable y selectivo. Repasaba los desbordantes textos del Viejo Testamento; los paisajes de fulgurantes desiertos, un mar partido en dos por el poder de una frase, la fe productora de una sutil lluvia de alimentos, una bella mujer que danza a cambio de la cabeza del evangelista, una quinceañera sorprendida por un arcángel que le comunica que va a alumbrar a Dios, un Jesús Dios enamorado de la abigarrada y doliente humanidad, las setecientas concubinas del rey Salomón... Pronto les ganaría a las monjas en careos sobre los contenidos bíblicos, granjeándome no pocas consideraciones especiales.

En el próximo sitio en que me tocó residir, a fin de cursar el siguiente grado escolar, entré en contacto una joven señora aficionada a las novelas románticas. Y fue debido a este hecho que empecé a devorar decenas de textos de Corín Tellado y Caridad Bravo Adams, recibiendo una perniciosa —y gozosa— influencia en mi educación sentimental. Todavía la padezco y si pudiera librar de tales lecturas a todas mis congéneres lo haría, por aquello que bien dijera Simone de Beauvoir: la mujer será libre cuando aprenda a amar con sus fuerzas y no con sus debilidades... Entre aquel revoltijo de sombras borrascosas di con Ana Karénina de Liev Tolstói, ante cuyas páginas la aritmética y la gramática se volatilizaban.

Ya en el primer año del bachillerato, en otro punto de la geografía nacional, y en otra casa, trabé amistad con un vecino zapatero, ex cabo de la Fuerza Aérea. Una tremenda cicatriz unía su boca a su oreja derecha. Habitaba una pieza atiborrada de novelitas de vaqueros. Cada día acudía yo a su cuchitril, lo observaba cortar y coser suelas y al rato me marchaba con una novelita en la mano. Al poco, me creía que el zapatero era un personaje de Marcial Lafuente Estefanía porque tenía los ojos como rendijas y se advertía que el hueso de su cadera estaba acostumbrado al revólver. Había participado en numerosos duelos y salvado a muchachas rubias, que en cada caso eran las más hermosas y desamparadas de sus respectivas comarcas. Sin embargo, la franqueza con la que el zapatero platicaba y reía conmigo me despertaba dudas, ya que los protagonistas de las novelistas del oeste americano eran feos y duros, ninguno dedicaría su tiempo a conversar con una adolescente que lucía como de nueve años.

Si no es porque pronto la lectura de las diez primeras páginas me permitía predecir el curso completo de las historias del viejo Oeste, éstas me habrían enviciado hasta aniquilar en mí las sensibilidades gustativas.

Por fortuna, en el colegio había una monja tierna, que nos enseñaba álgebra y se quitaba las gafas para que advirtiéramos la claridad de sus ojos negros y otra monja de nacionalidad canadiense, menudita y anciana, que nos ponía a cantar "Noche de paz" en inglés y entre las dos prepararon para nosotros una vitrina en la que reunieron libros como *El diario de Ana Frank, Mujercitas, Alicia en el País de las Maravillas,* biografías de santos y santas y dos o tres obras de autores dominicanos.

Un hecho hirió mi conciencia, y por este corte experimenté el poder de la palabra. Los barrios de militares, y por ende el colegio para sus hijos, se hallaban aislados por una malla ciclónica; el ritmo de la vida lo determinaban las típicas rutinas de soldados y los acontecimientos domésticos. Entretanto, en la ciudad de Santo Domingo, a unos veinte kilómetros, sucedían protestas sociales, represión política y enfrentamientos callejeros. Un día, en un acto conmemorativo de la Independencia Nacional, un grupo de jóvenes del último año presentó en poesía coreada "Hay un país en el mundo" de Pedro Mir. Los estudiantes aplaudimos entusiasmados. Las monjas y las restantes personas en el salón enmudecieron, pasmadas. Un poema social, un poema comunista, un texto subversivo, una provocación… No daban crédito a lo sucedido: un coro de hijos e hijas de militares presentando "Hay un país en el mundo", cuando en la base aérea, cierto general amenazaba con colgar de los testículos, en la casa de guardia, al soldado que encontraran con cualquier panfletito de esos que circulaban por doquier. Después de presentarse "Hay país en el mundo" hubo interrogatorios, admoniciones, miedo de parte y parte. La palabra entrañaba un poder enigmático, pude colegir.

Al año siguiente regresé a mi pueblo natal y mi familia decidió establecerse en Jarabacoa para que nosotras continuáramos nuestro bachillerato. No solo pude permanecer dos años en un mismo plantel, sino que fueron los más bellos y vivaces de mi existencia. Nos zambullíamos en los ríos hasta empezar a ahogarnos, robábamos flores de las ostentosas casas veraniegas, contaba con un grupo de compinches de mi misma edad, leía "a la loca" los volúmenes de la modesta biblioteca del Liceo, me aprendía a diario un teorema para satisfacer a la profesora de Trigonometría y comía por tres. Nos gustaba sentir el frío, por lo que acordábamos acudir al parque a las tres de la mañana con el pretexto de preparar los exámenes. Tocábamos tambores y nuestros cantos despertaban a todo el mundo. El maestro de música nos enganchó a bomberas. Detrás de la banda de música, uniformadas, precedíamos las procesiones importantes. Por ese período gocé de la compañía del ser más lindo, puro y amable de esta tierra. Se llamaba Nena. Una mañana despertó manando sangre. Murió a los tres días.

Meses más tarde, me mudaba a Santo Domingo. Conseguí alojarme en una pensión de una señora laboriosísima, en Villa Consuelo. El calor era cosa de espanto. El aire nocturno olía a frituras. Las persianas del cuarto, los huecos de la nariz y la piel se cubrían de una película de aceite sucio. En las aulas universitarias el aire caliente nos sumergía en un eterno sopor. El agua escaseaba. Muchas veces debíamos bañarnos con una marmita de agua repleta de gusarapos. De noche, deambulaba por el único y largo pasillo, escuchando las fiestas de nuestras vecinas: vivían de "amigos". Un día, una de ellas murió de súbito, por un aborto. En el parquecito de enfrente pernoctaban agentes secretos de la policía.

En esa pensión, donde nos alojábamos mi hermana Lourdes y yo, además de diez hombres –vendedores, estudiantes y empleados públicos– había un señor de setenta y cinco años que sufría de cáncer en el colon. Se alimentaba de sesos de vaca. Empezó una escena que se repetiría incontables veces. Él, en un extremo de la mesa, con una cabeza de res en el plato; en el otro extremo, yo con un plato de arroz y gandules delante –me había dado con ser vegetariana– conversábamos animadamente. Don Carlos era pálido y con los días su tez ganaba blancura. Era dueño de un único bien: un armario repleto de novelas que compartía solo con una de sus hijas y conmigo. Gracias a él accedí a Alejandro Dumas, Fiódor Dostoievski, Víctor Hugo, Juan Jacobo Rouseau, José Enrique Rodó, José Eustaquio Rivera, Honore de Balzac, F. R. Chateaubriand, Liev Tolstói... Por ese tiempo, cumplía yo diecisiete años.

El calor sobornaba nuestro espíritu, acostumbrado a la neblina, a la fragancia de los pinares y al agua corriente. Pero allí estaban los libros de Don Carlos, el apoyo de doña Niña y la doñita cocinera, evangélica y callada, que traía guineos manzana y galletas de avena a "las señoritas", como nos denominaba a Lourdes y a mí, gastando los centavos que de seguro necesitaba para su propia familia, ya que criaba a tres nietos.

En la Universidad me llamaban "compañera" y "camarada". Era lo usual entonces. Alguien me entregaba una bandera y la motivación para que echara a correr con ella en alto, en una protesta contra la represión balaguerista, contra las fuerzas del neotrujillismo y contra el criminal jefe de la Policía. Las bandas parapoliciales asolaban los barrios; golpeaban, desaparecían o asesinaban a estudiantes, sindicalistas, choferes... Marchamos en solidaridad con Vietnam, con Cuba, con Allende, contra asesinatos de obreros portuarios, contra el imperialismo... Los policías y los militares nos odiaban. Les ofendía nuestra condición de estudiante; y más, nuestra regia e infundada soberbia. En cambio, el pueblo nos amaba con pena. Los choferes nos cobraban menos que al resto de la población. Los carros privados nos ofrecían bolas, bastaba que exhibieras tu regla T y algunos tomos bajo el brazo. En las persecuciones se nos abrían puertas y personas desconocidas se convertían en súbitos ángeles guardianes. Me gustaba eso. Y que me llamaran "compañera". Lo malo fue que se consideraba que todo debía servir al pueblo y si al pueblo no servía no valía la pena. Un núcleo definía pueblo y definía lo útil y lo frívolo. Un día mientras leía Crimen y castigo, un sorprendido camarada me espetó: "Eso es mala yerba ideológica". Él jamás había sostenido un libro de literatura en sus manos, pero exhibía un hueco en el cráneo, producto de las torturas recibidas en la cárcel, por irse al campo, en el momento en que una parte de la izquierda, siguiendo la lección del Gran Timonel Mao, consistente en "rodear las ciudades desde los campos", decidió: "Lo mejor al campo". Y como ese camarada era de lo mejor, al campo lo mandaron, en donde, lo apresaron al poco tiempo. En la cárcel lo mantenían despierto las veinticuatro horas del día mediante luces inevitables. Le propinaron culatazos en la cabeza. Y yo, sin otra gloria que de la ser estudiante, avergonzada, devorando Crimen y castigo, o sea mala yerba ideológica...

Durante el primer año en la Universidad, leí los cuentos de Juan Bosch y Virgilio Díaz Grullón y las novelas *La Sangre* de Tulio M. Cestero (sobre la dictadura de Lilís), *El Masacre se pasa a pie* de Freddy Prestol Castillo (sobre la matanza de haitianos) y *Over* de Ramón Marrero Aristy (sobre la explotación en los ingenios azucareros)... percibiendo en esas narraciones lo recóndito y zozobrante del alma dominicana.

En éstas me encuentro cuando debo decidir carrera. No es extraño, pues que me guíe por dos simples criterios, desvinculados de vocación: a) La menor incertidumbre. Una carrera exenta de inquietudes metafísicas, que ya excesivas eran las dudas que sobrellevábamos en un país donde todas las semanas se anunciaba golpe de Estado y en las tumbas aparecían pintadas manos blancas, evidencias de las veleidades de la izquierda lo primero y del azote de los para policiales lo segundo. b) Utilidad para el pueblo. Elegir carrera que ayudara a la independencia tecnológica y científica (emular a

Cuba. Ni imaginábamos como era el asunto con la URSS).
De manera que había que inclinarse por la exactitud y por el
desarrollo. La palabra acero, entonces poseía un peso especial.
Me encontré inscribiéndome en Ingeniería Química, por un
motivo irracional: contenía todas las materias difíciles, aquellas
que me exigían los mayores esfuerzos intelectuales. Entrañaba
un auténtico reto, y como desafiar forjaba el carácter, ahí estaba
yo, en duelo abierto con la tecnología, las ciencias exactas, las
combinaciones precisas.

Me encontré absorta en literatura científico-tecnológica y
política. La escasa motivación la compensaba con el discurso de
la importancia y la utilidad. Y ya que estamos en esto, vayamos
con estoica disciplina revolucionaria: *Termodinámica, Qué
hacer (Lenin), Fisicoquímica, Naturaleza de la materia inorgánica
(Engels), Diseño de reactores, Dieciocho Brumario (Marx),
Operaciones Unitarias de la Industria, Reportaje al pie del patíbulo,
los cinco tomos de Mao Tse Tung, Balance de materia y energía,
La historia del PCUS, Espectrometría, El origen de la familia, la
propiedad privada y el Estado...* Llegué a experimentar raptos
de pasión por las ecuaciones diferenciales, la física cuántica y la
cristalografía, no así con las teorías sociales y la economía política
(grados Nikitin, Martha Harneker junto con grados como
El capital), tragos poco gentiles para mi estrujado estómago.
Durante el riesgo de mi primer parto, como pasaba unos días
sin responsabilidades, devoré un tomo de una enciclopedia
dedicado a la literatura. Una modesta transgresión en medio
de tanta lectura comprometida y comprometedora.

El taller de literatura César Vallejo de mi universidad se reunía los sábados por la tarde. En muchas ocasiones, me sentaba afuera, en la acera, a escuchar las lecturas y los diálogos. Criticaban a la generación dominicana de posguerra, o del 65, levantaban al Neruda de *Residencia en la Tierra* y dejaban caer al Neruda del *Canto general;* eran irreverentes con los poetas y escritores que empleaban la poesía "como un arma cargada de futuro", leían a Georges Bataille y Jean Baudrillard… Buscaba algo nuevo. Algunas de esas discusiones me cautivaron. En otras percibía presuntuosidad; pontificaban y juzgaban. De ahí saldrían varios de nuestros mejores poetas y escritores, hombres y mujeres, de lo que luego se llamaría "Generación de los ochenta".

Hasta que logré trascender las nociones de utilidades y cientificismo, al aceptar que el lenguaje de mi espíritu no compaginaba con los doscientos términos de la política de entonces y menos aún con las fórmulas de las llamadas ciencias exactas. Incómodas incertidumbres y furtivos movimientos de la imaginación, no constituían una elección sino un hecho. No se trata de lo bueno y lo malo, sino de la naturaleza de cada persona. Debía admitir mis auténticas inclinaciones y distinguir hacia dónde me conducía mi tozudez taurina. Retorné, un poco a ciegas, a la poesía y a la ficción. Trabé nuevas complicidades alrededor de los hechos creativos, nuevos amigos y amigas. Hacíamos poemas al alimón. Leíamos a Borges, Franklyn Mieses Burgos, Luis Alfredo Torres, Zacarías Espinal, Juan Sánchez Lamouth, René del Risco, Dantes, Vicente Aleixandre, Rimbaud, Breton, Huidobro… De pueblo en pueblo, acudíamos a leer poesía en veladas que se extendían hasta el amanecer.

En este tránsito tuve la fortuna de leer escritoras cuyas obras distaban de las rosáceas producciones de Corín Tellado y Caridad Bravo Adams. Doris Lessing, María Zambrano, Monserrat Roig, Simone de Beauvoir, Marguerite Yourcenar, Clarice Lispector, Marguerite Duras, Isabel Allende, Jeannette Miller, Aída Cartagena... me mostraban aristas y planos deslumbrantes. Cuando comprobé que las mujeres escribían de verdad, entendí cuánto había refrenado mi vocación creativa. Esta conclusión llegó justo en el momento oportuno. Jamás desdeñaría una luz de la realidad, por extraña, inútil y subjetiva que fuera.

Nexos

Del nexo con los libros se derivan conclusiones de mi interés, y espero que respondan por igual al de ustedes.

En nuestra sangre hay escritura, letras; ancestrales intuiciones hacia ese tramado de memoria visible en pictografías, códices, pergaminos y volúmenes. Eslabones y resonancias que se avivan y confirman en la lectura.

Los libros poseen el atributo de la democracia. Tal vez de la única que se preserva como calidoscopio espiritual del que parten los senderos interiores: punto de encuentro y combinatorias con los exteriores. Cierto es que los regímenes autoritarios o doctrinales proscriben lecturas. Pero los libros se mueven misteriosamente y llegan a cualquier mano a través de sinuosos recorridos. Artaud, Camus, Beckett, Ionesco y Genet se mostraron en un cajón de un escritorio a Gao Xingjian, Premio Nóbel chino, dejados ahí por un traductor francés. Con ello se iniciaba un intercambio entre el joven chino y el traductor sin que mediara una palabra. Quizás la semilla de la que floreció la vocación que luego gestaría *La montaña del alma*. El hecho lo cuenta Sergio Pitol en un ensayo aparecido en la revista Xinesquema No 2.

Conozco talleres literarios en mi país que funcionan en barrios con cien mil habitantes en un kilómetro cuadrado. La tiranía de la miseria produce todo tipo de privaciones, sin embargo, algunos de los muchachos y muchachas que integran esos grupos han leído mejor literatura y poesía que la mayoría de nuestros funcionarios públicos, por mencionar un sector con poder adquisitivo. Libros viejos que pasan de una mano a otra. Cuando yo comencé a escribir, uno de esos jóvenes me dio a conocer a Nikos Kazantzakis y a Séneca. Sus ojos resplandecían al repetir versos de Angelos Sikelianos, John Keats y Milton. Desafortunadamente, en circunstancias adversas, como las que rodean estos talleres literarios, se avanza con euforia, pero solo hasta cierto punto. No obstante, uno que otro de sus componentes albergará coraje y resistencia para efectuar el salto perfilado por su sedienta esperanza.

Los libros propician amistades y encuentros peculiares, alojan y distribuyen las vibraciones de quien los escribiera. Se manifiestan, se desplazan, traman sugerencias.

Aun los volúmenes que ardieron en las intolerancias y el terror preservan sus ecos en la memoria colectiva.

Los libros dispersan las tentaciones fundamentalistas, diluyen miedos y elevan la potencia de la mirada. Conocer los contenidos de *La Biblia, El Corán, El Popol Vuh, El Bhagavad-Gita, El Iching...* nos flexibiliza y acaso afirme nuestra propia fe, porque al acceder a las reverberaciones de múltiples búsquedas, reconoceremos el error que introduce el prejuicio y la avidez de dominación; sabremos que las verdades se tejen precisamente en el tanteo durante el cual cristaliza un lenguaje paradójico, haz no línea. Las interpretaciones deberían intentar comprender la bondad, la convivencia y las infinitas interrelaciones entre todo cuanto existe. Mientras más flexible y firme el carácter, más vigorosa y valiente la humildad que forja.

Toda persona autodidacta tiene ante sí, como maldición y como acicate, la presencia del límite. En cuanto a mí, reconozco los germinativos bordes de los límites, como los paisajes penumbrosos y provocadores en cuyos bordes se combinan imaginación y pensamiento.

No me acerqué a la literatura por amor al arte ni con pretensiones estéticas o estilísticas, sino por la intuición de vivas complicidades, las abruptas rupturas y ausencias, la sed de vínculos y de oxígeno, el difícil gusto por la verdad. El libro, entendí, pasto de materia enigmática, es, al mismo tiempo, tabla constituida de libertad, conversaciones y ventanas.

AMOR SIN OBJETO
Discretos apuntes sobre Demiurgia

Sufro de auténticas dificultades a la hora de sistematizar mis ideas sobre la escritura. No *escritura*, creación debería decir, pues la primera es proceso más o menos patente, la otra es mirada en vertical, inabordable, con algo de oscura inmersión, apoderamiento de un objeto caliente y deseado; mixtura filosófica y poética en mero pespuntear, y presumirse parte de la primaria emoción demiúrgica: *en el principio fue el verbo.*

La dificultad a que aludo es una suerte de enredo (tal vez entropía generatriz), la idéntica cosa que subyace en la tenaz inclinación a bregar con lo nebuloso, profundamente filial, aunque nos pese, y transmutarlo en panorama creíble, dilucidable: crispación, cristalizado, quimera prefigurando la realidad.

En el *manejable* desconcierto de mi conciencia y sus fronteras, procuro un orden que no me es dado sino en la búsqueda misma. Al lograr algún texto mi sentimiento contacta ese orden. Tensión efímera de unidad e inmanencia; me elude, se fuga y debo proseguir tanteando.

A la hora de cavilar sobre disciplina, tal como se entiende ésta, padezco un vacío eufórico. Sin embargo, no me considero una escritora *intuitiva*. Vivo extraviándome y procurando orientarme. Amo la lucidez de sujetos capaces de definir los procesos creativos, así como su propio estilo y conceptos. Gozo las poéticas, el pensamiento reflexivo de los grandes artistas y poetas cavilosos. Suelo identificarme en su reverberante hondura. Intento abordar mis propias razones, topándome enseguida con una región de silencio (inviolable, amorosa); la cual, dúctil, se adentra en la atemporalidad de una mirada, en las sensaciones concomitantes de paso y permanencia, en la belleza de los infantes, en el dolor, la ridiculez, los desgajamientos, el gusto, la pasión, el desafuero, la sencillez, la justicia, las ignominias, la solidaridad, y tantos otros dominios irreductibles... Zona desfondada, de arrebatadora plasticidad.

Mis experiencias fabulosas y mis peores experiencias están marcadas en sus orígenes y frutos por la imaginación. He perdido pedazos de mí y he ganado una mirada crecientemente elástica. Juegos que podrían parecer enfermiza tozudez, cifran una vivencia de consumación; espíritu, idea y hacer cotidiano se compenetran, indistintos.

La persona creadora ha nacido con sed constante, a la que no puede nombrar angustia ni de otra manera.

Se sabe incompleta y la conciencia le azuza, y cree intuir el cómo completarse, y en este hecho intuye que está ayudando al mundo.

El impulso creativo se aloja en el cerebro, en la mente, en la sangre, en el alma y en las vísceras. Un acontecimiento, el matiz de un asunto, una imagen, el momentáneo presentimiento de una injusticia intolerable, desencadenan el apremio Se despliega en una historia, una imagen, un poema.

Escribir es ser parte de un ensayo y de la acción de ensayar. Vamos a tientas, de momento entendemos, armamos una visión. Retornamos al punto de origen, y otra vez a buscar y plasmar.

Quizás exista un intrínseco egocentrismo, y el empuje creativo no sea más que pretensión de narrar la historia humana en modestos textos o voluminosas obras, pues en el detalle de conducta de un personaje, o en los flujos de dudas paralizantes o en las inusitadas quebraduras de destinos o en un placer de sustancia viva, se puede repasar un fragmento de humanidad y quien sabe si la humanidad entera.

De vez en cuando conjeturo explicaciones para la escritura. Estas no siempre son complementarias. Pueden, incluso, contradecirse.

Maniobra de libertad (la única permitida).
Ganas ahondando en tanto más inciertos son el libre albedrío, la voluntad individual y la originalidad de pensamiento.

Erotismo de la soledad. Luchamos por poblarla.
Compañía que vamos construyendo en la medida que sabemos cuán solos podemos encontrarnos.

Persecución de consonancia: dada una conciencia de incomunicación con los otros, y dado el fervor por contactarlos, les tendemos celadas, redes y provocaciones a fin de que ellos y ellas se comuniquen con nosotros.

Reducidos, exasperados frente a los absurdos del poder y de los rangos institucionales... componemos alternativas, lanzándonos a lo máximo, a la desmesura sutil, capaz de socavar tiranías y traernos una ilusión de justicia.

¡Creamos! Sea para el gozo, la preocupación o la muestra de espanto.

Escribir es lidiar con lo que me excede, con lo que me reta, con lo que humilla mis límites; dilucidándolo a punta de lápiz.

Lo claro es que una fiera asalta mis entrañas, disponiendo: 'escribamos una historia. Empieza así' o 'trata de'.

Ignoro completamente el origen del impulso. Por qué y para qué fin no hallan claridad en mi conciencia.

Contar es manía de rastreo. Vocación de comisionista de la historia. Epicúreo tantear territorios insufribles, deslumbrantes. Quien cuenta cavila y dialoga en voz a cuello. Guardarse su mirar le resulta capitulación ante las jaulas. Quien cuenta contacta su potencia de asombro, su deleite y susto de perderla. Obra para no olvidar que puede ser parte del olvido.

Contar es manía de sed, manía de bracear, de complicidad. Es adiestrarse en ardides para otros.

La o el cuentista padece de claustrofobia respecto al tiempo, por lo que se convierte en atisbador del instante. Contar es apretar pasado contra presente, y presente contra futuro, hasta lograr un cojín doméstico. Quien cuenta se escurre de las convenciones; verificando, a fuerza de papilas y pupilas, que la vida, e incluso la no-vida, es cuestión de miedo y maravilla.

Quien cuenta ha practicado la conversación a ciegas, el secreteo de cama a cama, cuando la noche simula que todo cesa y el lenguaje flota en la oscuridad, resucitando lo liviano y lo terrible del alma.

De mi parte cuento porque así alboroto a los muertos y ocupo a los vivos. Cuestión de compulsiva intensidad, sacudimiento. ¡Qué sé yo!

Hecho menudo y cardinal de zambullida, atraviesa las acciones de interesarse, anexarse, liberarse y proseguirse.
¿Por qué escribo cuentos?

Todo empezó cuando aún no había tiempo ni oportunidad para aprender a leer. Había tres libros en una alacena y letras rematando una cruz y otras letras al pie del radio transistor. También una inscripción en el retrato de un hombre engalanado groseramente. De noche los libros susurraban y el retrato se caía de la pared. *Inri, jefe, radio Philipps*, viéndolas aisladas eran cosas elementales, pero en el campo de mi mente se combinaban, aterrándome con sus atractivos.

Luego estaban las *malas palabras* y las *buenas palabras:* unas prohibidas, estimuladas las otras. Y las palabras que echaban al suelo una reputación. Y las palabras que pulían la autoestima. Se decía que los campesinos hablaban *mal* (aunque no maldijeran ni pronunciaran vocablos procaces) y los letrados hablaban bien (aunque fuesen desalmados). Y cuando una campesina o un campesino procuraba hablar *bien* hablaba *mal*, disparando eses sin ton ni son.

Las palabras, pues, transmutaban en pinzas, enigma, brújula, vehículo, joya... constituyendo las pistas de un mapa oculto. Comprendían la tentación original y el prodigio. Podían ser barcas, insectos, murallas antiguas o leviatanes.

Podían sedar o enloquecer, abochornar o bendecir. Había que balancearlas, nutrirse de ellas, evitando las que desgraciaban.

Las palabras no nos dejaban solos y solas en el presente. Impedían se cerrara el círculo de aflicción ante las muertes, las calamidades amorosas y las partidas. Ellas formaban nexos boreales.

Al atardecer, luego de las jornadas en el conuco o en el hogar, las personas adultas se reunían en una casa elegida (siempre la misma). Los granos de café eran tostados y molidos. El agua hervía. La atmósfera era ocupada por una esencia ancestral, profunda y placentera. Se conversaba sobre botijas que algún fulano difunto entregaría en la madrugada, de amenazas de ejércitos, de las idas y venidas pasionales.

Sin estas historias, el tiempo local se habría achatado. Habríamos estado rotos, desunidos de las mareas generacionales. Sin estas historias, las retinas de madres y tías no habrían resplandecido. El azúcar parda, el café y el fuego no hubieran formado una escultura olorosa sobre el palo de olla, y las brechas de la cocina no se habrían prestado para presenciar el paso de los ancestros entre las silenciosas palmas en la oscuridad circundante.

Entre las pequeñas y los niños rondaban otros cuentos: coles que lloraban y cantaban al arrancarlas, pues correspondían a los cabellos de alguna chica enterrada; Pedro Animal y Juan Bobo hiperbolizando menudencias humanas con gracia y ridículo; brujas que contraían nupcias provocando que lluvia y sol se acompasaran...

Al anochecer, el intercambio de palabras ejercía su poder, metamorfoseando el orbe en puerto o estancia milagrosa.

Escribir es entonces urgencia y prolongación. Pienso que la fuerza que hace posible la vida ha dejado un cuadrante baldío para que los humanos intentemos fertilizarlo y cultivarlo. Ahí reside la intersección de lo profano con lo sagrado, lo popular con el pensamiento refinado, lo inmediato con lo remoto. Jamás sabremos a ciencia cierta por qué deambulamos por esta región y por qué la preferimos. ¿O acaso es ella la que nos atrapa, lo mismo que una planta carnívora a un insecto?

Presentado en la Semana del Cuento Dominicano en Madrid. Incluido en *La escritura como opción ética*. Editora Cole. Santo Domingo, RD, 2002

Aurora Arias

Poeta y narradora, nacida en Santo Domingo, en 1962. Co-editora entre 1989 y 1997 del periódico feminista Quehaceres, del Centro para la Acción Femenina (CIPAF). Premio de Cuentos de Casa de Teatro, 1994. Entre 1997 y el 2000 fue columnista de astrológica y columnista para las revistas "Uno" y "Rumbo". Ha publicados los libros: *Vivienda de pájaro* (poesía, 1987); *Piano lila* (poesía, 1994); *Invi's paradise* (cuentos, 1998); *Fin de mundo y otros relatos* (cuentos, 2000) y *Emoticons* (cuentos, 2007). Sus cuentos y poemas han aparecido en numerosas antologías, y traducidos al italiano, alemán, francés, inglés, islandés y bengalí. En la actualidad reside en los Estados Unidos, dedicada por completo al quehacer literario.

II. Viaje en la nube de la escritura

Aurora Arias

Gozo de la eternidad que es la vida
En este juego a descubrir días
Y ser testigos de nosotros mismos.
(Del poema ¡Aleluya!, Vivienda de pájaro)

Del fruto prohibido, la palabra escrita

En los umbrales de la memoria, cada sábado mi padre se sienta en una mecedora a leer en voz alta algunos poemas de su autoría. Alrededor, su madre echa agua sobre las paredes y el piso de nuestra casa mientras su esposa barre el agua hacia afuera; en el acto, ambas ignoran los versos del poeta, y de paso, le mojan los pies. Desde el tocadiscos la voz de Gilberto Monroig interpreta el bolero "Simplemente una ilusión": *¿O es que vivo en un mundo de ilusiones, lleno de mentiras y fantasía y esa dulce voz es simplemente una ilusión?*

--Bájate de esa nube—dice finalmente mi abuela dirigiendo una mirada de reproche a su hijo, quien a continuación guarda silencio, dobla las hojas escritas a maquinilla, se para de su asiento, recompone la correa de sus pantalones, y sale, como vencido por Dios, hacia el mundo.

Yo que contemplo la escena desde mis cinco años de edad, me entran unas ganas inmensas de correr tras mi padre y consolarle, decirle que, en lo que a mí respecta, podía seguir montado en su nube leyendo en voz alta sus poemas. Pero sé que no puedo seguirlo a ese mundo citadino hecho de calles y callejones, traspatios, bares y parrandas en las que, según escuchaba quejarse continuamente a mi madre, él se perdía. Sólo retengo la orden lapidaria de la abuela: "Bájate de esa nube", que se repetirá cada sábado con alguna que otra variante durante el resto de mi infancia. "Bájate de esa nube", decía también mi abuela cuando mi padre, por ese entonces mecanógrafo de una oficina comercial, en vez de poemas, nos leía las "Cartas al Director" que solía escribir en su Remington, mensajes breves y concisos en los que analizaba temas de actualidad político-social, y acostumbraba a enviar a los medios de comunicación con la intención de que le fueran publicados. "Bájate de esa nube", me parece aún escuchar. Vivo junto a mi familia en Santo Domingo, capital de un país convulsionado por los acontecimientos políticos recientes: el ajusticiamiento que dio al traste con la dictadura trujillista, la vuelta a la democracia y el inmediato derrocamiento del gobierno constitucional de Juan Bosch seguido por la contienda de abril del 65, la invasión americana, y el ascenso al poder de Joaquín Balaguer. Nuestra casa queda en un sector ruidoso y popular llamado, paradójicamente, Villa Consuelo. Soy la niña sonriente e introvertida, flacucha y de pelo alborotado que se pasea en las tardes por el vecindario montada en su triciclo rojo observando el aura de distintos colores que bordea los cuerpos de la gente, subyugada por la manera jocosa de hablar del hombre que vende carbón, y el tono apocalíptico en que las vecinas, apostadas a las verjas con rolos y pañuelos sobre sus cabezas, se cuentan los chismes del vecindario. Soy la que se arriesga a pedalear hasta la esquina, y una vez allí, mete las narices por la puerta del colmado, absorta ante las luces de la vellonera que hombres eternamente sentados junto al mostrador hablando duro y bebiendo alcohol ponen a girar una y otra vez; soy la que vuelve a pedalear de prisa al escuchar el susurro lánguido y desafinado de la voz de mi madre llamándome para ir a cenar, y en el trayecto, el aroma a mangú con huevo frito que se cuela desde las cocinas, el vertiginoso *Santa María Madre de Dios ruega por nosotros pecadores ahora y en la hora de nuestra muerte amén* del rosario radial, el reflejo de la luna sobre los techos, la bulla de los estudiantes del liceo de enfrente a la hora de la salida, mientras desde el inconsciente busco más de una respuesta: ¿A qué nube se refiere la abuela? ¿Por qué debe bajarse de ella mi papá? ¿Por qué él insiste en escribir esas cosas que lee en voz alta sin que a nadie le importe? ¿Por qué mi abuela se lo reprocha? ¿Qué hay de malo en ello si, contradictoriamente, la abuela se empeña en que me aprenda de memoria los poemas de Juana de Ibarbourou que luego debo recitar en las veladas barriales que ella ayuda a organizar porque desde jovencita quiso ser declamadora y no se lo permitieron? ¿Por qué todos dicen que de grande seré farmacéutica como el abuelo paterno, si éste también es compositor de canciones románticas? ¿Por qué también dicen que seré maestra como la tía abuela solterona, si ésta también es escritora? ¿Qué tiene de prohibida la palabra escrita?

El descenso a un infierno que conducía al paraíso

Tuve una bisabuela que rayaba los 100 años de edad, hija de una dominicana de la Línea Noroeste, y un supuesto "comerciante francés que llegó en un barco desde Europa hasta la costa haitiana", leyenda familiar aún sin comprobar. Mi bisabuela procreó siete hijos de diferentes padres, a los que levantó gracias a su trabajo como curandera. Cada vez que la visitábamos, los adultos me obligaban a darle un beso a lo que quedaba de aquella mujer indómita que había criado sola a todos esos hijos en Guayubín, pueblo ubicado al noroeste de la isla, en los tiempos de Desiderio Arias y la primera intervención norteamericana al país. Visitar a la bisabuela suponía el descenso a una habitación que servía tanto de aposento como de biblioteca y olía a una mezcla de ungüento, libros y vejez. Un bombillo colgaba de un cable lleno de moscas desde el techo de zinc, pero era poca la luz que proporcionaba al entorno, de manera que todo se veía penumbroso. En medio, la bisabuela y sus mejillas huesudas y arrugadas, su pelo negrísimo cubriéndole el cuerpo esquelético. Me daba pavor su aspecto; temía, de manera especial, ver llegar el momento en que su boca sin dientes masticando un frijol crudo se posaba sobre mi frente mientras murmuraba frases achacosas a mis oídos. Nunca me conformé con tener que pasar por aquel deber familiar. Total, que la bisabuela no tenía la menor idea de quién era yo. ¿La hija de quién? ¿Que vive dónde?, acostumbraba a preguntar. Exclamaba, eso sí lo recuerdo bien, con un vigor que no se compadecía con el poco hálito de vida que le quedaba, que Fidel Castro era un enviado de Satanás, y que Dios te bendiga, mi hija, y entonces, llegaba la hora de la recompensa: liberada del beso obligatorio, de las mejillas colgantes, de la boca vacía, de la maldición castrista y la bendición divina, podía acceder al universo de papel y de palabras, historias, aventuras y conocimientos que era la biblioteca de la tía abuela solterona, en donde dormitaba a la espera de la muerte, postrada en su camastro, la viejísima bisabuela.

Así supe que había una vez un lugar cuyo nombre eran todos los nombres y todas las posibilidades ilimitadas de la imaginación.

Supe que aparte de todo lo que por ese entonces me enseñaban en la escuela, existía un paraíso proporcionado por la lectura en el que podía perderme y encontrarme, vagar y aterrizar. La furia de Moby Dick contra los balleneros, el mundo en ochenta días de Verne, las novelas de Dickens, las aventuras de Emilio Salgari, el cuento de la cucarachita Martina, entre muchas otras obras con olor a vida sin edad, contaminaron de una sed de palabras mi sentido de la realidad. Allí me internaba luego del obstáculo del beso a la bisabuela anti-comunista, y de allí salía al final de la visita como quien regresa de un viaje.

La tía abuela solterona, obesa como un Buda, llena de moralejas y sentencias filosóficas como un personaje de fábula de Samaniego, inteligente y sabia como ninguna otra persona que he conocido jamás, fue la mecenas que proporcionó a mi niñez aquel mundo libresco colocado a mitad del infierno. Ella se ocupaba de alimentar mi interés por la lectura, que a lo mejor era también un deseo de huir de las cosas feas a mi alrededor. Un día, tendría yo unos nueve años de edad, en una de aquellas visitas a su casona en Moca, donde me encontraba tirada sobre el piso de madera, entregada en cuerpo y alma a la lectura mientras los adultos conversaban a mi alrededor, escuché que la tía abuela preguntó: ¿Aurorita es siempre así? Mi abuela le preguntó que así cómo. Así tan callada y tranquila, dijo la tía abuela. No siempre, contestó mi abuela, agregando que incluso, me gustaba bailar *boogaloo*, ritmo latino de moda. Entonces la tía abuela solterona tomó aire en su pecho enorme y suspiró, profunda y vasta como era, para a seguidas mirarme con un silencio y una mirada que en aquel momento percibí como un signo de entendimiento.

Eso fue importante para mí, en esa época una criatura un tanto taciturna a causa del alcoholismo de mi padre, y leer me ayudaba a sumergirme lejos de la realidad.

Habría que decir que aparte de maestra y escritora, mi tía abuela solterona, de nombre Aurora Tavárez Belliard, tenía fama de médium. La última vez que la visitamos, recibí de su parte un regalo invaluable: una caja grande conteniendo libros de su biblioteca que ella reconocía como de mi preferencia, y que todavía conservo. La tía abuela los había elegido en el momento justo, con una intuición que lindaba lo profético. Cuando salí de su casa llena de alegría por haber recibido aquel tesoro, nunca imaginé que ya no volvería a verla con vida jamás. Un mes después de aquella última visita, mi amada tía abuela solterona Aurora, murió mientras dormía. Lamenté mucho su inesperada partida. A partir de entonces, para consolarme, la transformé en mi mente y corazón en el hada madrina a la que solía invocar en momentos de aprieto, confusión o dudas. Creía ciegamente que la generosidad de la tía abuela solterona no me abandonaría nunca. Y en efecto, así fue. Nunca me falló, cuando, por ejemplo, frente a un examen de aritmética, la invocaba para que iluminara mi cerebro y pudiera pasar la prueba. El tiempo que siguió a la inesperada muerte de mi hada madrina, quien también era mi madrina de bautizo, fue uno lleno de situaciones mágicas y sobrenaturales que viví con el sentido de normalidad que sólo la inocencia de espíritu proporciona.

Cuentos de hadas dentro de una realidad de terror

Más adelante, influenciada por la lectura de los textos de los Hermanos Grimm, tomé la costumbre de escribir cuentos de hadas. Robando tiempo a las tareas escolares, creé un mundo aparte de la realidad circundante colocando una sábana en forma de casa de campaña encima de mi cama; allí dentro, lápiz y papel en mano, me dedicaba a plasmar historias sobre reinos, castillos, reyes y reinas, príncipes y princesas. La tarea podía tomarme toda una tarde, pero por fortuna, al resto de la familia compuesta por papá, mamá, abuela, hermano, y un cada vez más creciente número de seres salidos de la nada --mi familia fue siempre un refugio de seres sin hogar amparados por mi abuela-- no parecía importarle. Mi pretensión más íntima era llegar a escribir un libro, pretensión que vio su fin el día en que se me ocurrió leerle mis historias a las demás púberes con las que compartía habitación. Estas se burlaron hasta más no poder de aquellos textos; confundida y un tanto decepcionada, acudí a quien consideraba un lector más juicioso: mi padre. El no se murió de la risa como lo habían hecho mi prima con problemas de agresividad, la hermana postiza que varias veces intentó matarme, o la amiga de infancia con tendencias anoréxicas que por razones que todavía no entiendo vivía con nosotros. El autor de mis días y autor también de sus propios textos engavetados durante muchos años para huir de los reproches de la abuela, no paró de sonreír con tristeza mientras leía mis cuentecillos incipientes, para al final alentarme a que siguiera escribiendo ese libro de cuentos de hadas soñado, consejo que deseché.

Pero el mundo que me rodeaba se encontraba muy lejos de ser un cuento de hadas. Las historias de mi imaginación no tenían nada en común con las realidades político-sociales que por ese entonces amenazaban la tranquilidad de muchos hogares dominicanos. Dentro de mi familia, cierta tensión recorría en silencio cada una de las acciones de los adultos, lo que terminó por implantar una atmósfera de temor que todos pretendían disimular. Observadora más allá de las apariencias, espía de los papeles engavetados de mi padre, oído atento de los cuchicheos angustiados entre mi abuela y mi madre, me daba cuenta de que ciertamente algo olía mal. Cada mañana, frente a la imagen del Sagrado Corazón de Jesús, mi abuela pedía protección para su hijo, quien por aquel entonces había bajado de la nube de poeta y trabajaba como periodista y escritor de una columna de humor. "Fermín, no se te ocurra escribir en tu columna algo que no le guste al gobierno", le advertía mi abuela a mi padre cada vez que lo veía salir hacia el periódico donde laboraba. Transcurría la primera mitad de la década de los setenta, en pleno apogeo de lo que más adelante se conocería como los Doce Años del régimen de Joaquín Balaguer (1966-1978). Nuevamente, la República Dominicana se había convertido en la protagonista en carne viva de un verdadero cuento de terror. Mi vida se desarrollaba en un ambiente familiar protegido, presumiblemente alejado de las luchas estudiantiles y de los grupos de izquierda, de los crímenes perpetrados por la tristemente famosa "Banda Colorá", de las persecuciones, desapariciones, trampas electorales, y el ambiente de represión creado por un gobierno cuyo jefe, luego de su deceso, habría de ser mencionado como "Padre de la Democracia Dominicana". Sin embargo, la sangre que destilaban a diario los titulares de las noticias en los periódicos, los comentarios escuchados en boca de los adultos preocupados y entristecidos por los trágicos acontecimientos a los que nadie podía ser indiferente, y el hecho de que por esos años mi padre había logrado convertirse oficialmente en el periodista empírico que siempre fue, dieron al traste con las buenas intenciones familiares de que los más jóvenes creciéramos creyendo que la vida era una historia de malos y buenos con un final feliz para estos últimos.

La noche del 17 de marzo de 1975, llegó a la redacción del periódico *El Nacional* la noticia que, tal y como contaba mi padre "nadie hubiese querido redactar": el joven y brillante periodista Orlando Martínez había sido asesinado. Al crimen impune 36 años después, le antecedió el de Gregorio García Castro, periodista que al igual que Martínez se atrevió a opinar en contra del régimen balaguerista a través de sus escritos. Otros y otras no perdieron la vida, pero se vieron obligados a ejercer su derecho a la palabra bajo constantes amenazas y represalias. Ser periodista se había convertido en un oficio peligroso dentro de un régimen que no respetaba la libertad de expresión. Yo leía con fruición todo lo que me caía en la mano, incluyendo los periódicos, sin entender el motivo de tanta sangre y desgarramiento. Fue aquella la época en que comencé a percibir el inmenso poder de la palabra, su condición de arma de doble filo capaz de levantar la ira de caudillos, fuerzas militares, y dictadores, cambiar el curso de los acontecimientos, oprimir, silenciar o liberar.

La muerte del que fuera su compañero de labores, sumió a mi padre en un estado de profundo decaimiento. "Mataron a

Orlando, coño", lo escuchaba decir para sí mismo, cabizbajo
en su mecedora, en los días que siguieron al asesinato. "El
humorismo ríe con tristeza", escribió el escritor español Pío
Baroja, frase que se aplica muy bien en relación al escritor de
humor que era mi padre, cuya "tristeza social", como él mismo
llamaba a su extrema sensibilidad, no disminuía, sino más bien,
encontraba la manera de expresarse, a través de su talento para
el humor escrito. Tras la muerte de Orlando Martínez esta
tristeza social de mi padre pasó por una etapa dolorosamente
crítica que acrecentó la enfermedad del alcoholismo que le
aquejaba, cuyo origen tuvo como detonante un desagradable
suceso: un respetado profesor del liceo secundario donde
mi padre estudiaba siendo un jovenzuelo, lo abofeteó por
haberse atrevido a decir algo en contra de Trujillo en medio
de la clase. A partir de aquel hecho, el muchacho pueblerino
de espíritu rebelde que creció dentro de una de las peores
dictaduras conocidas en el continente, encontró en el alcohol
un escape. Al menos, así solía mi padre relatar el inicio de su
afición por la bebida. Y yo le creía, y aparte de creerle, intentaba
entenderle, aunque sufriera al contemplar el sentimiento
de impotencia que lo doblegaba, y que iba más allá de lo
meramente personal, puesto que se trataba de una impotencia
generacional, colectiva. Mucho se ha hablado y escrito acerca
de los exiliados, desaparecidos, asesinados y perseguidos bajo
el régimen trujillista, pero muy poco se ha reflexionado sobre
esa generación ¿perdida? que nació y se hizo adulta dentro
de los 30 años de dictadura, a los que el terror y el estado de
cosas les llevó a refugiarse en el alcoholismo, los excesos de la
bohemia, y sus grises vidas de empleadillos públicos obligados
a no pensar por sí mismos. El contacto a lo largo de mi infancia

con los contemporáneos amigos de mi padre, sobrevivientes de tres décadas de opresión, cada uno con su particular drama personal, cuya gran parte de sus vidas se desarrolló dentro de la terrible contradicción que representaba la sumisión obligatoria a una tiranía versus el disgusto emocional y la rebeldía, me ha llevado a preguntarme en muchas ocasiones hasta qué punto los hijos e hijas de esa generación seguimos siendo portadores silentes del virus de aquella opresión y sus consecuencias.

Fue por aquellos días que reemplacé la sábana en forma de techo bajo la cual escribí mis cuentos de hadas por otro escondite: el armario de la abuela. Aunque aquella "habitación impropia" me obligaba a encogerme como un feto y a utilizar una linterna para poder ver, de todas maneras, me servía eficazmente a la hora de ocultarme del mundo para buscarme a tientas entre las palabras. Tenía trece años de edad, y a ratos, un profundo sentimiento de extrañeza y desolación. ¿Sabían mis padres de los incomprensibles demonios que me atizaban? ¿Sabían de mi llanto reprimido y silencioso cuando nadie me podía ver ni escuchar? ¿Comprendían mi necesidad de soledad? Esa misma soledad que cantaba, bailaba, reía, y se afanaba en hacer feliz a los demás, y sin embargo, estaba ahí, cruel, posada en sí misma, deseosa de ser plasmada y exorcizada de algún modo. ¿Soledad o herida narcisista en ciernes? ¿Soledad a causa de esa herida? Psicoanálisis aparte, aquella sensación de desolación, destierro, desamparo, abrió en mí un apetito insaciable. Encerrada en el armario de la abuela penetré al territorio de la poesía y tuve el atrevimiento de probar su fruta, al parecer, prohibida. Un día, metida entre perchas y vestidos, escribí lo que recuerdo como mi primer poema, para mayor sospecha, dedicado a papá.

Poemas de amor y desamor

La adolescencia, con su cruenta carga de hormonas, fantasías románticas e idealizaciones, me arrastró a la escritura de poemas rimados que me ocupaba de encuadernar (edición exclusiva de un único ejemplar) y pasar a cuenta y riesgo, de mano en mano, entre mis compañeros de clases. Mi primer libro de esta especie, escrito bajo la influencia de las canciones interpretadas por la cantante dominicana Sonia Silvestre, no podía tener un título más manoseado: *Poemas de Amor y Desamor.* A eso y a editar un periódico colegial, cantar, dibujar, tocar la guitarra, enamorarme con frecuencia, escribir en un diario, leer las novelitas de Corín Tellado, *El Quijote* de Cervantes, la revista *Vanidades, María* de Jorge Isaac, *El Idiota* de Dostoievski, las novelas detectivescas de Ágata Christie, entre otras lecturas variopintas, dediqué gran parte de mi tiempo en esos años. Tuve el privilegio de contar con una magnífica profesora de Gramática y Lengua Española, la profesora Carmen Tavárez, a quien le debo mucho de mi formación en cuanto al uso correcto de nuestro idioma y el interés por la lectura.

Respecto a la estudiante de bachillerato que fui, me recuerdo como la más excéntrica, y al mismo tiempo, la más común y corriente. La más chistosa, y por supuesto, la más flaca. La que cantaba y dibujaba bonito y escribía poemas y cartas de amor a cambio de un pedazo de pizza en el recreo. La que jugaba basquetbol con los varones y tocaba guitarra con las muchachas. La que, folleto de Astrología debajo del brazo, preguntaba a todo el que se atravesaba en mi camino cuál era su signo zodiacal, lo que me hizo ganar el mote de "La Chica Astral".

Rito de iniciación

En 1979, seis meses antes de cumplir los 18 años de edad entré a estudiar Arte Publicitario a la Universidad Autónoma de Santo Domingo (UASD). Todavía me pregunto por qué Arte Publicitario y no Letras o Periodismo. ¿Otra vez haciendo de las suyas el miedo inconsciente a subirme, esta vez de manera formal, a la nube?

El personal docente de la Facultad de Humanidades a la que pertenecía la escuela de Arte de la UASD estaba compuesta por intelectuales y artistas de primera categoría: desde la escritora Aída Cartagena Portalatín, el fotógrafo Wilfredo García, hasta el poeta Pedro Mir, entre muchos otros. Con el poeta Mir tomé clases de Estética I y Estética II. Sus clases eran un inigualable festín de poesía y sabiduría, muy a pesar de las continuas interrupciones que asaltaban el tiempo y las elucubraciones del que por ese entonces no había sido declarado como Poeta Nacional. Muchas veces, en medio de una disquisición de don Pedro sobre el origen de la palabra en la historia de la humanidad, de golpe y porrazo entraban al aula sin pedir permiso tres o cuatro jóvenes tal vez demasiado viejos como para todavía no haberse graduado de algo (y esto, lo admito, probablemente es sólo un prejuicio mío) pertenecientes a una de las tantas federaciones estudiantiles que existían en la también conocida como "universidad del pueblo" quienes, blandiendo la bandera de su federación, se dirigían a los estudiantes que abarrotábamos el aula convocándonos a que abandonáramos de inmediato la clase para unirnos a ellos en una "protesta a favor del hermano país de Corea del

Sur". Como por aquel entonces no tenía muy claro cuál era la ubicación geográfica de Corea del Sur ni mucho menos lo que estaba pasando en esa nación hermana, me quedaba impávida sentada en mi butaca mientras la mitad de la clase aprovechaba el pretexto de la convocatoria para salir.

La sección de Estética II tocaba a una hora en que el sol se ponía y sus rayos entraban por la ventana, propiciando un ambiente lleno de luz y color. Yo llegaba excitada, ansiosa por volver a tener la oportunidad de escuchar al poeta. De todas las materias concernientes al pensum de la carrera de Arte, aquella era mi favorita. Lamentablemente, éramos pocos quienes pensábamos igual. Salvo un grupo de estudiantes que no alcanzaba la media docena, entre los que recuerdo al ahora escritor, profesor y crítico literario Fernando Valerio-Holguín, el resto de los más de cincuenta estudiantes que componían la clase se la pasaba riendo y cherchando en las últimas filas mientras don Pedro, sin perder ni un ápice de su exquisitez y serenidad, impartía docencia para quiénes quisiéramos embebernos hasta el fondo de su lucidez.

El encuentro con Pedro Mir, con su don de palabra, poética sensibilidad y vigorosa búsqueda del entendimiento de la evolución y existencia humana, fue para mí uno de los sucesos más importantes de aquellos tiempos. Lejos estaba de saber que el autor de *Hay un país en el mundo, Contracanto a Walt Whitman,* y *Amén de mariposas* impactaría de manera relevante y decisiva mi vocación literaria, en parte gracias a una acción que tuve la osadía de cometer al término del semestre. Don Pedro había asignado la entrega de un trabajo ensayístico como examen final. Previamente, nos aconsejó que comenzáramos desde el inicio del semestre a visitar la biblioteca universitaria en busca de lecturas que nos ayudaran a escribir un buen trabajo. No hice caso de la recomendación y, pasado el tiempo, no tenía ningún ensayo que entregar. Mientras avanzaban los días, escuchaba a los demás estudiantes hablar de lo difícil que les estaba resultando abordar el tema propuesto por el profesor Mir, relacionado con la interrogante de qué era la poesía. Llegó la tarde de la entrega, y temblorosa, puse en manos de mi profesor un folder con mi trabajo. Una semana después, faltando poco para despedir el semestre, don Pedro entró al aula con una sonrisa espléndida; sin preámbulos, dijo a todo el estudiantado lo feliz que se sentía al haber descubierto que entre sus discípulos de Estética II existía una poeta. Al escuchar esto, sentí que el calificativo de poeta de boca de Pedro Mir me quedaba demasiado grande. Don Pedro, entretanto, me miraba, y su sonrisa continuaba siendo espléndida y llena de una genuina satisfacción. Sí, me miraba a mí, que en un acto intuitivo, tomé un fajo de diez poemas de mi autoría, los metí en un folder y lo presenté como mi trabajo ensayístico para el examen final. Era la única respuesta que sentí posible ante la interrogante que el poeta y maestro había puesto en nuestras cabezas. No tenía ninguna otra respuesta que no fuera mi propia poesía y la necesidad de expresión que ella representaba. Creo que tanto el Poeta Nacional como la novel escritora en mí, intuíamos que la definición de la poesía no podía ser otra que la poesía misma.

A la salida de la clase, don Pedro se detuvo a decirme algo que sirvió para imprimir una mayor confianza a un deseo que se abría paso en mi interior. Mirándome a los ojos con esa mirada suya profunda y vivaz, con una convicción que rayaba en lo sentencioso, me dijo: "Tú serás escritora". Luego me animó a que tuviese la confianza de ir a visitarlo a su casa cada vez que quisiera. Al principio tomé la invitación como una simple cortesía, pero poco tiempo después, me atreví a presentarme en su hogar en compañía de quien era mi novio y luego se convertiría en esposo. Llegamos a visitar a don Pedro al menos un par de veces en su casa de Gascue, decorada con pinturas y obras de artistas dominicanos y antillanos. No nos atrevíamos a robarle demasiado tiempo, a pesar de que la amabilidad de Mir era proverbial. Las figuras consagradas de la literatura y el arte, por lo general, muestran muy poco interés por quienes pertenecen a generaciones más jóvenes. Es difícil, en el arduo camino de la literatura, encontrar a alguien con la inmensa generosidad de espíritu que mostraba nuestro Poeta Nacional. En mi última visita, hizo lo que considero mi entrada formal a la vida literaria: me bautizó con el nombre de Aurora Arias diciendo que le parecía mucho más apropiado, sonoro y conciso que el Aurora Bienvenida Libertad Arias Almánzar con que había firmado aquellos poemas que le entregué en la clase. De más está decir que Pedro Mir tenía toda la razón. De esa manera, comencé a llamarme Aurora Arias, dejando atrás el poético pero largo nombre con que me había nombrado mi padre al nacer, en tributo al hecho de que vine al mundo diez meses después del ajusticiamiento de Rafael Leonidas Trujillo.

La anuencia de un ser humano de la estatura de Pedro Mir, a quien yo admiraba como maestro y como poeta y que tanto representaba dentro de la vida nacional, tuvieron para mí el efecto de un rito de iniciación que me condujo a una nueva etapa.

Ciudad, cuerpo, y poesía

A esas alturas, con dieciocho años de edad, sabía que si a algo deseaba dedicarme era a escribir. Sin embargo, la idea generalizada de que "los escritores son unos muertos de hambre", y de que se trataba de un oficio nebuloso del que era mejor olvidarse en cuanto se te pasara la fiebre de la adolescencia, impedían que me atreviera a expresar mi deseo abiertamente, en especial, dentro del núcleo familiar. A fuerza de no ceder al mandato materno de bajarse de su nube, gracias al periodismo, mi padre se destacaba como un genial escritor de humor logrando así ganar cierto respeto ante los ojos de mi abuela. Yo, sin embargo, no quería ser periodista, ni publicista, ni nada semejante sino escritora a secas. ¿Pero qué era ser escritora? ¿Cómo serlo? ¿Quién o quiénes otorgan de manera formal ese status? ¿Con qué convincente alegato refutaría los argumentos de mi madre quien con toda la buena intención de que su hija llegara a tener un oficio digno y remunerativo me inscribió en el desaparecido *Instituto Comercial Gregg* a hacer un secretariado administrativo sabatino? Así, si lo del "Arte Publicitario" no funcionaba, conseguiría tener un trabajo del cual "agarrarme". ¿Cómo hacerle comprender que no me interesaba ni la taquigrafía ni la contabilidad sino la poesía?¿Qué ejemplos de bonanza, bienestar, ganancia, amor por la vida, convencionalismo, religiosidad, podía mostrar a mi madre para convencerla de que mi deseo merecía de su aprobación y respaldo, si las vidas de las y los poetas que afiebraban mi mente en aquel entonces (Julia de Burgos, Baudelaire, García Lorca, Alejandra Pizarnik, Alfonsina Storni, Sylvia Plath, Juan

Sánchez Lamouth) estaban muy lejos de encajar dentro del modelo esperado?

En lo que se averiguaba el caso, a principios de la década de los ochenta, me dediqué a "janguear" por la ciudad de Santo Domingo, montada en una guagua. A la salida de la universidad o del secretariado (a cuyas clases, confieso, no siempre asistí) solía tomar la ruta 5, línea de autobuses que atravesaba la ciudad de un extremo a otro, desde la estación principal ubicada en el sector de Herrera, en el lado suroeste de la capital, hasta el sector de Villa Duarte, al otro lado del puente. Llevaba conmigo una especie de diario en el que escribía mis poemas y pensamientos. Todavía conservo ese cuaderno de tapa dura color negro con mi nuevo "nombre de escritora", *Aurora Arias*, escrito en letras doradas. Escribía en él todo lo que veía y sentía durante el trayecto. Cada vez que el autobús color azul cielo de la ruta 5 atravesaba el puente Duarte, la visión del río Ozama con sus buques de carga y su comunión con las aguas del mar Caribe, me provocaba un placentero vértigo. Desde la ventana de la guagua contemplé una y otra vez la ciudad que a partir de entonces pulsaría las teclas de mi escritura. La ciudad se encontraba ahí, y yo necesitaba apropiarme de ella; percibía en la ciudad una memoria colectiva que por algún motivo necesitaba explorar, sentir y comprender. Aquel tiempo fue el inicio de esa pasión y esa impotencia, pero también del descubrimiento de la libertad y atrevimiento de traspasar los límites más allá de lo hasta entonces permitido. Santo Domingo como espacio citadino, la vida que la moviliza, quienes la habitan, sus códigos, claves y transformaciones, ha inspirado desde entonces mi razón de ser como escritora.

Hacia 1980 mi poesía se había liberado de cualquier cosa que pretendiera atarla; nuevas lecturas, nuevas influencias, nuevas experiencias vitales la nutrían. El país también parecía haberse liberado de una noche oscura. En 1978, Joaquín Balaguer fue derrocado en las urnas. La población había optado, elegido, abierto un nuevo camino. Los años ochenta se iniciaban conteniendo una promesa. Al mismo tiempo, ocurría el descubrimiento de mi sexualidad. Ciudad, cuerpo, libertad, fueron los temas que germinaron en mi poesía de entonces. De aquellas mis primeras andanzas citadinas y de la búsqueda de una libertad interior que sólo encontraba espacio enteramente abierto en la escritura, surgió *Vivienda de pájaro*, mi primer libro de poemas, publicado seis años después.

Mis primeros tiempos como astróloga

Para el año de 1984, tenía 22 años de edad, dos de ellos casada, y había parido a Ana Paloma, mi primera hija. Mi vida consistía en amamantar, lavar pañales, janguear por la ciudad, esta vez montada en la cola de un motor, vender tereques en el mercado de las pulgas de la calle 19 de marzo, y compartir mi casa con los músicos y artistas, anti-héroes urbanos de la época, entre los que se encontraban José Duluc y Luis Días. Una mañana en la que buscaba libros baratos en el economato de la UASD, encontré un manual voluminoso y bien editado, con hermosas ilustraciones de la época de Paracelso y los antiguos astrólogos. Vi que costaba apenas cinco pesos, y lo compré. Pronto descubriría que mi compra había valido la pena, pues se trataba de una seria, completa y didáctica obra sobre Astrología, tema que me apasionaba desde mi adolescencia. A partir de esa

adquisición, pasaba horas muertas estudiando la influencia
de los astros en la naturaleza humana. Por las noches, cuando
mi hija Paloma dormía, me dedicaba a aprender a levantar la
carta astral. Sin darme cuenta, estaba convirtiéndome en una
astróloga auto-didacta. Comencé levantando el mapa astral de
familiares y amigos, hasta adquirir un mayor dominio de un
tema que en la República Dominicana de aquellos años era
considerado tabú. Salvo los consabidos horóscopos aparecidos
en los diarios, con muy mala fama, por cierto, casi nadie le
daba importancia a esta ciencia-arte. Había un montón de
prejuicios, no sólo por parte de quienes hablaban en contra
de la Astrología desde la ignorancia catalogando su ejercicio
como asunto de charlatanes, vividores y hechiceros, sino
también por parte de grupos herméticos que consideraban
que ser astrólogo era un asunto reservado exclusivamente para
ciertos seres elegidos. Abrirme camino como astróloga tuvo
sus bemoles: los ignorantes del tema me catalogaban de bruja
(¡tremendo insulto!), mientras los estudiosos de la materia me
rechazaban por considerarme una ignorante. Pero ninguno
de estos pareceres hizo mella en mí, y al cabo de un par de
años, me dediqué por completo a trabajar como astróloga.
No recuerdo el número exacto de temas astrales que llegué
a interpretar y redactar sentada delante de una maquinilla,
sólo sé que fue una buena cantidad, y que cada uno de ellos
me enseñó mucho acerca de nuestra condición de criaturas
humanas irremediablemente conectadas con el Universo. Para
mí, la Astrología siempre ha sido un valioso instrumento de
auto-conocimiento más que de adivinación.

Vivienda de pájaro o la leche en polvo que nunca faltó

En cuanto a mis poemas, dormían el sueño de las cosas postergadas. Un buen día, un amigo periodista y apasionado lector, abrió por casualidad una gaveta de mi cocina en busca de algún utensilio, y se topó con un folder verde lleno de papeles. Mi amigo tomó el folder y se sentó conmigo en el comedor a leer los versos agrupados bajo el título de *Vivienda de pájaro*. Se trataba de la suma de todos mis poemas escritos desde mis dieciocho años de edad. Mi inesperado lector terminó de leer y me dijo que aquellos poemas merecían ser publicados. No dije ni sí ni no, más bien me encogí de hombros y le dejé hacer. Al cabo de un tiempo, mi amigo había digitado y pulcramente diagramado mis poemas dándole un diseño que me entusiasmó. Sin embargo, pasarían dos años antes de que la publicación de aquel poemario se hiciera realidad. Durante ese tiempo, *Vivienda de pájaro* pasó de una mano a otra, todas de hombres amigos que se dedicaron desprendidamente a darle forma a su publicación: uno lo diagramó, otro hizo el diseño de portada, otro negoció con un amigo impresor su llegada a la imprenta. El único que no parecía muy cómodo con la idea de que su mujer gastara los pocos chelitos que teníamos en algo tan "innecesario" como publicar aquel librito de poemas, era mi propio esposo, quien a la hora de la verdad me dio a entender que su mentalidad de "hombre alternativo", como estaba de moda llamar en aquella época a los hombres solidarios con las mujeres, no llegaba a tanto. Así pues, para 1986, meses después del nacimiento de Aurora Violeta, mi segunda hija, el entusiasta proceso de edición de *Vivienda de pájaro* se dio de bruces con un impedimento: mi marido se negaba a poner un solo centavo para la impresión de mi libro. Le dije que no se preocupara, pues me ocuparía de buscar el dinero, mil pesos en total, por una tirada de mil ejemplares. ¿Mil pesos?, gritó mi esposo. Acabábamos de mudarnos a un anexo construido al lado de la casa de mis padres, y teníamos dos hijas, una de ellas de apenas seis meses. Su negativa a colaborar con la salida de mi libro no podía tener un argumento más contundente: ese dinero que irresponsablemente, según él, yo pensaba utilizar en la impresión de mi dichoso poemario, muy bien podía ser utilizado en la compra de varias latas de leche en polvo para nuestras hijas. Como para que acabara de convencerme de lo anterior, mi entonces esposo y hoy ex marido puso delante de mí, con la vehemencia de un padre preocupado por la alimentación de su prole, una lata a medio llenar de la susodicha leche, que abrió mostrándome su interior. Yo miré y vi que la lata se encontraba llena de leche por la mitad. Entonces él me preguntó si mis poemas eran más importantes que la falta de leche para mis hijas. Madre al fin, por una milésima de segundo, dudé… ¿Insinúa que soy una mala madre porque quiero publicar un libro?, pensé. Pero antes que gastar energías en semejante discusión, sentí que necesitaba aire puro para poder pensar y, de paso, no morir de asfixia, así que me levanté de la silla, y salí de la casa sin decir nada. Como ciega que no sabe adónde va, caminé sin rumbo fijo, acompañada de una vara que encontré sobre la hierba a mi paso por el parque Mirador, llorando a ratos, otras veces respirando profundo y tomando fuerzas, tratando de dilucidar si mi entonces esposo tenía razón o si su argumento no era más que un vulgar chantaje. En el malecón, mientras contemplaba la vastedad del mar y el horizonte, llegué a la conclusión de que *Vivienda de pájaro* sería publicado por encima de la cabeza de mi misma si era necesario. En el transcurso de las semanas siguientes, hice la mayor cantidad posible de cartas astrales, vendí el equipo fotográfico que había utilizado en mis estudios de arte en la universidad y la bicicleta con la que iba de un lado a otro, entre otros preciados objetos de mi pertenencia. Con estas ventas obtuve el dinero que necesitaba para la impresión de mi primer libro, que salió a la luz en diciembre de 1986. Recuerdo la tarde en que fui a la imprenta a recogerlo; fue como mirar a un hijo acabado de nacer. No lo podía creer. Publicar es un ejercicio de desnudez, por no decir, de nudismo. Y publicar un libro por primera vez, al menos, para mí, fue un ejercicio no sólo de nudismo, sino también de valor. A veces he pensado que la ingenuidad me sirvió de mucho. Otras veces, me parece que lanzarme a publicar mi primer libro pudo no haber sido un acto de valor ni de ingenuidad, sino de pura sincronicidad con un reloj biológico literario, por así llamarlo, que todo escritor/a lleva dentro, y que si llegamos a contactar, respetar y reconocer, nos ayuda a encontrar el tiempo correcto para sacar a la luz nuestra obra creativa. Lo cierto es que de regreso a casa con mis paquetes de libros en las manos, me entró un pánico terrible. Me aterrorizaba pensar que, una vez publicados, aquellos poemas tantos años ocultos en una gaveta de la cocina, iban a ser leídos. Lo leerían, en primer lugar, mis padres. ¿Qué iba a pensar mi mamá al leer todo cuanto yo expresaba en esas páginas? ¿Qué iban a parecerle esos poemas a mi padre? ¿Y mi abuela paterna, la que me enseñó a recitar poemas de la Ibarbourou, qué iba a decir? Pero ya era demasiado tarde. A lo hecho pecho, me dije, entrando a la casa por mi puerta favorita, la de atrás, llevando conmigo aquel libro recién impreso. Y en lo que respecta a mis hijas, dejo aquí constancia de que nunca les faltó la leche para su nutrición.

Mi ingreso al mundillo literario dominicano

En 1987 presenté ante el mundillo literario dominicano aquel primer libro de poemas. Meses antes lo había puesto en manos del poeta Mateo Morrison, reconocido poeta perteneciente a la Generación de post-guerra, afanoso animador cultural, y a la sazón, editor del suplemento cultural Aquí, en el periódico La Noticia. Mateo me recibió con simpatía y apertura, prometiéndome la lectura inmediata de mis poemas, y días después, me hizo saber que Vivienda de pájaro le había gustado, así que lo invité a ser el presentador del libro, cosa que aceptó.

La noche del 27 de marzo de 1987, al llegar a las puertas de Casa de Teatro, centro cultural donde se efectuaría el acto de presentación de mi libro, me sorprendí al ver que el lugar se encontraba abarrotado. Mi sorpresa fue mayor al enterarme de que toda aquella gente se encontraba allí asistiendo a la presentación de aquellos poemas escritos por mí, la mayor parte de ellos montada en una guagua. De repente, tomé conciencia de que ya no sólo me leería mi padre, mi madre y mi abuela y mis amigos cercanos, sino también cualquier persona desconocida que esa noche comprara el libro o que más adelante lo adquiriera en las librerías. Me sentí presa del pánico. De mis manos comenzó a brotar un río de sudor nervioso; quería dar media vuelta e irme calle Meriño abajo hasta llegar al mar y que me tragaran sus aguas sumergiéndome en un anonimato eterno. Había comido de la fruta prohibida, sí, la había mordido con premeditación y alevosía, y en el fondo, hasta cierto punto me sentía de antemano expulsada del paraíso de muchas maneras, algo que no me importaba en lo absoluto, pues como dice la escritora española Rosa Montero: "Todos los escritores queremos que nos lean, el que diga que no, miente. Te consuela y te da seguridad en un trabajo que es tremendamente inseguro y lleno de vértigos: escribir es encerrarse en una esquina de tu casa, es un trabajo muy solitario". Aunque asustada ante la presencia de tanto público deseé escapar de una situación que yo misma había creado, también era cierto que había llegado hasta ese momento y me encontraba allí porque deseaba que me leyeran.

Segundo Círculo de Mujeres Poetas

1987 fue un año literariamente intenso e inolvidable. Tras la salida de mi libro, acepté la invitación de Mateo Morrison a unirme al *Segundo Círculo de Mujeres Poetas*, grupo recién creado compuesto por seis jóvenes poetas (cuatro de las cuales todavía nos mantenemos persistiendo en el fragor de lo literario), de dónde surgiría mi amistad con poetas de la calidad de Marianela Medrano e Yrene Santos, amistad a toda prueba que todavía pervive. La irrupción del grupo tuvo un impacto notable en la vida cultural dominicana. Nuestros poemas asaltaron salas de bibliotecas, librerías, plazas, universidades, ayuntamientos, centros culturales, calles, y hasta discotecas, dentro y fuera de la ciudad capital. Los medios de comunicación dieron cuenta de nuestra presencia; se sucedieron las entrevistas en los medios, así como las invitaciones a la mayoría de los actos culturales del momento. Llevadas de la mano de Mateo Morrison, hoy Premio Nacional de Literatura, organizamos recitales en la capital y en varias ciudades del interior. Lo hermoso de aquel momento era, entre otras cosas, la frescura y atrevimiento con que nos lanzábamos a leer nuestros poemas tanto en los salones de la Biblioteca Nacional en presencia del escritor y ex presidente Juan Bosch y su esposa Carmen Quidiello, por ejemplo, como delante del mendigo, la barrendera, y transeúntes de la calle El Conde. En una época en que no existía la Internet pero sí los suplementos literarios, Mateo Morrison se encargaba de promovernos y crearnos espacios, en colaboración con una que otra poeta solidaria, entre las que recuerdo de manera especial a la escritora Chiqui Vicioso, por el apoyo que nos brindó.

No faltaron, por supuesto, quienes comenzaron a catalogarnos como "las mujeres de Mateo" en el sentido morboso de la expresión, lo que en nada afectó lo sano de nuestra relación con Morrison, sin lugar a dudas, un respetuoso y desprendido mentor, algo que ciertamente no podía decirse de los innumerables "amigos de la poesía" que se acercaban como moscas a la miel a nuestro recién nacido grupo. Era obvio que para algunos, nuestra afición a la literatura no era más que parte de una temporal etapa que tarde o temprano quemaríamos para pasar a otra cosa, olvidándonos por siempre de que alguna vez nos había interesado ser escritoras. Pero para sorpresa de muchos, no sucedió así.

A través de las entrevistas en los medios, y de la interacción con el público al final de cada una de nuestras lecturas, se plantearon por primera vez en mi cabeza interrogantes tales como:

"¿Existe o no una literatura femenina?" "¿Desde cuándo, por qué, y para qué escribes?" "¿Qué autores te han influenciado?" "¿Qué consejos le darías a los jóvenes que quieren iniciarse en el oficio de poeta?" "¿Son tus poemas autobiográficos?", pregunta esta última que solía brotar de la boca de alguien perteneciente al género masculino, luego de la lectura de un poema de corte erótico por parte de alguna de nosotras. Por supuesto, nuestra juventud e inexperiencia era mucha; habrían de pasar años de continuo y disciplinado ejercicio literario, aparte de vivencias, que nos ayudaran a encontrar las respuestas a estas cuestiones trascendentales algunas y, en mi opinión, totalmente banales otras.

Sueños domesticados que no vieron la luz

1988. Soy una mujer hecha y derecha de 28 años de edad. Sigo escribiendo poemas, sólo que ahora he adquirido la costumbre de emprender la fuga hacia el parque Mirador a leer y escribir debajo de un árbol. Utilizo la palabra fuga porque de eso se trata. Como no puedo escribir en mi casa debido a que carezco del espacio y tranquilidad necesaria, a la menor oportunidad, salgo por la puertecita de atrás como quien sale a escondidas a cometer un delito. ¿No que ya había superado el miedo a devorar la fruta prohibida? ¿No que luego de mi lanzamiento al ruedo literario y las experiencias vividas todos esos años, he arribado a un punto en que las cosas con respecto a mi afición por la literatura están claras tanto para mí como para mi familia y el mundo que me rodea? ¿Ahora a qué temo? Lo peor no es que me fugue al parque en busca del espacio y tranquilidad del que no puedo gozar en mi propio hogar. Lo peor no es que salga por la puertecita de atrás como una delincuente. Lo peor es que, de regreso del parque, procurando que nadie me vea, estrujo con nerviosismo las hojas de papel recién escritas, y las introduzco en los orificios de la pared de block que rodea al patio de mi casa. Es el mejor escondite que he podido encontrar. Me comporto como una prófuga de mi misma, y lo sé. Lo hago así porque no quiero que mi marido ni nadie se enteren de que estoy escribiendo otro libro al que he puesto como título *Sueños domesticados*. No quiero que me pregunten: ¿Vas a continuar con eso de escribir? ¿No fue suficiente con haber publicado un libro?

Sueños domesticados nunca vería la luz. Los fuertes aguaceros que de repente barrían la ciudad llenando de agua los boquetes superiores de la pared-escondite, se encargaron de colaborar con mi curiosa labor de revelar y esconder, hilar y deshilar, hacer y deshacer, humedeciendo hasta el destrozo la tinta de mis palabras.

Viéndolo a la luz de la perspectiva que me permite el momento actual, sé que aquel libro estaba condenado de antemano a morir abortado por los aguaceros y el tiempo entre las paredes que cercaban el reino de mi vida matrimonial y doméstica. Hay obras que pese a la herida narcisista que según dicen subyace dentro de todo artista, deben nacer y morir en manos de quien las crea. *Sueños domesticados,* cuyo título lo resumía todo, fue simplemente eso, el cúmulo de poemas que me permitió continuar siendo lo que persistía en ser. Las experiencias vividas desde la presentación de mi primer libro, mi participación en el *Círculo de Mujeres Poetas,* y aquel momento, fueron claves a la hora de mostrarme lo que realmente significaba para mí la literatura: algo más que una pretensión pasajera y la consecución de un sitial dentro de una ciudad letrada repleta de especímenes acechando, cuchillo en la boca, por la fama, los premios, la payola, los cargos oficiales, las prebendas, los elogios inmerecidos, y el logro de un pedazo de espacio en el inútil parnaso de la inmortalidad. Más adelante aprendería lo fácil que resulta caer y formar parte de toda aquella boca de lobo disfrazada de oropel.

Los años del feminismo

En abril de 1989, un suceso inesperado habría de provocar un antes y después en lo que entonces era mi vida. Embarazada de mi tercera hija, acepté la invitación a participar en un recital poético auspiciado por el Centro de Investigación para la Acción Femenina (CIPAF) con motivo del aniversario de nacimiento de la poeta chilena Gabriela Mistral y la intelectual dominicana Camila Henríquez Ureña. Con unas náuseas terribles debido a mi estado de embarazo, fui y leí mis poemas lo mejor que pude, ansiosa por regresar a casa. Al terminar el acto, se acercó a mí Magaly Pineda, directora del centro feminista. La conocía de vista, la foto de su figura en los periódicos, su contribución en la creación de una conciencia feminista en la República Dominicana. Magaly fue asertiva, y sin palabreo previo, pero con una sonrisa confiada, me dijo que le habían llamado la atención mis poemas, y me preguntó que si me gustaría trabajar en el CIPAF, a lo que le contesté de inmediato que sí. Pasaron cinco meses luego de esta brevísima conversación. Para septiembre de aquel año, mi embarazo contaba con seis meses cuando Magaly, esta vez por la vía telefónica, volvió a proponerme un puesto como asistente del Área de Comunicación del centro. Le hablé de mi avanzado estado de embarazo, cosa que no pareció preocuparle, así que días después fui empleada en el lugar donde permanecí siete años y aprendí todo lo que sé sobre feminismo, diseño, diagramación y cuidado de edición de libros, periódicos, catálogos y boletines; campañas, relaciones públicas, y en sentido general, sobre la vida misma. De manera especial, gracias a mi labor junto a Sagrada Bujosa como editora del periódico feminista *Quehaceres* gané la experiencia, conocimientos, visión crítica y madurez que no había obtenido en mis estudios universitarios. CIPAF fue para mí, sin lugar a dudas, y en más de un sentido, una universidad. Allí conocí a algunas de mis mejores amigas hoy en día. Conocí también los dos lados de la militancia feminista, que como toda vivencia humana, contiene sus luces y sus sombras. Allí supe de mis propias luces y sombras, y de mi grado de compromiso con la lucha feminista. En ese transcurso de tiempo viajé, aprendí y me empoderé espiritual y emocionalmente. Allí, estuve a punto de dar a luz a Sol Lucero, mi tercera y última hija, una tarde de noviembre en medio de la edición de un *Quehaceres* y una intensa campaña a favor de la no violencia contra la mujer. También, en CIPAF encontré el espacio que me ayudó a continuar potenciando mi desarrollo como escritora. Como mis responsabilidades dentro del Área de Comunicación eran muchas, aparte de mis obligaciones como madre y esposa, cada día me las ingeniaba para escribir. Por lo general, llegaba dos horas más temprano de la hora de inicio de las labores del centro. Así, CIPAF me permitió apropiarme de un espacio físico del que por varias razones no podía disfrutar en mi casa. En ese sentido, sin lugar a dudas, aquel centro feminista terminó convirtiéndose en una especie de habitación propia.

De la poesía a la prosa y de las labores feministas a la labor de bruja

Qué me condujo de la poesía a la narrativa es una pregunta con más de una respuesta. De todas, la principal y más honesta es que, un día cualquiera, cuando menos lo esperaba, la poesía, o mejor dicho, eso que formalmente llamamos "género de la poesía", dejó de visitarme, aunque pienso que cuando de géneros literarios se trata, hay mucha tela por donde cortar. El cómo, por qué, y para qué me deslicé de un género a otro, son preguntas que en el momento mismo del hecho creativo, por fortuna, nunca me planteé. A lo sumo, puedo hablar de cuándo. Tomo como punto de partida el año 1993-1994 para enmarcar temporalmente mi ruptura con la forma poética y mi acceso a la estructura narrativa; fue en ese período cuando escribí los cuentos de *Invi's Paradise* y mi segundo y hasta ahora último libro de poemas titulado *Piano lila*. Y es este último poemario, compuesto por 27 poemas, 13 de ellos escritos en forma de prosa, el texto con el cual inicié mi tránsito de la forma poética a la forma narrada. Hay en él poemas dedicados a la exploración del miedo como forma de encuentro con la valentía; el espacio citadino y sus claves; el amor; el entendimiento del Yo, y la búsqueda de una Aurora cuyos fragmentos hasta entonces no alcanzaba a componer. La mayor parte de los poemas publicados en *Piano lila* los escribí en el transcurso de una semana. Un lunes de finales de abril de 1994, durante unas vacaciones cipafianas, me senté en una computadora, y arrastrada por una especie de trance, no paré hasta el domingo próximo. La dedicatoria de este delgado poemario que hoy, pasados ya casi 17 años, a raíz del presente escrito vuelvo a releer, me llama de manera especial la atención, pues resume algunos de mis desafíos más íntimos: *Al tiempo, por existir según mi antojo/A mi arrojo, por mostrarme las debilidades del miedo/Al miedo, por su cuarto oscuro donde revelé las luces de la duda/A quien no soy, por no mostrarse/Así sé que hay futuro en mi constante nacer.*

Recuerdo que alguien a quien le di a leer los poemas de *Piano lila* aún sin publicar, me comentó que le parecían una especie de despedida, y tal vez haya tenido razón. Ese año, luego de componer aquellos versos, sentí la necesidad de abordar una forma escrita que no fuera la poesía y que me permitiera contar historias que me atizaban por dentro. Entonces escribí un relato que había estado gravitando en mi mente desde hacía un buen tiempo, y del que sólo tenía el título: *Invi's Paradise*. Tanto había pensado en esa historia, que cuando me senté a escribirla, fue como si me la estuviesen dictando. El cuento titulado *Invi's Paradise* salió de mi cabeza de un tirón, casi tal cual fue publicado un tiempo después. Se trató de otro intenso trance, sólo que esta vez, justo cuando desperté del mismo, y antes de que pudiese salvar en la computadora lo escrito, se produjo un apagón que hizo desaparecer el texto recién digitado. De repente, la oficina del Área de Comunicación del CIPAF quedó a oscuras. La planta eléctrica con la que solíamos trabajar durante casi todas las horas laborables del centro debido a los constantes apagones, había colapsado y no pudo entrar en acción al momento de aquella interrupción de la energía eléctrica. Así vi cómo mi texto se perdía en la negrura del monitor. No me quedó más remedio que levantarme de la silla e irme a casa. Esa noche, fue inútil intentar dormir. Los párrafos perdidos de aquel cuento me asaltaban una y otra vez queriendo volver a la vida, así que tuve que levantarme de madrugada a reescribir, esta vez a puño y letra, lo que finalmente fue aquel cuento con el que ese mismo año gané un premio en el Concurso de Cuentos de Casa de Teatro. Si la primera versión perdida gracias al apagón me salió de un tirón, aquella segunda escrita en medio de la noche resultó ser mucho más afinada y acorde con lo que desde tanto tiempo atrás mi mente intentaba retratar, en resumidas cuentas, las coordenadas de un tiempo, una ciudad, y una generación.

Renuncié del CIPAF en 1996 para dedicarme a ser astróloga. Aquella fue una decisión que tomé alentada por un propósito secreto puesto que, en el fondo, mi verdadera intención al abandonar la vida de empleada feminista con un horario fijo era alquilar un local donde poder ganarme la vida haciendo cartas astrales y, en mis horas libres, dedicarme a escribir. Pero el tiro me salió por la culata, y monté un consultorio astrológico lo suficientemente exitoso como para mantenerme ocupada a tiempo completo desde diciembre de 1996 hasta enero de 1999, época en la que viví situaciones tan ricas, locas, inusuales, simpáticas, terribles, tanto en lo material como en lo espiritual (en mi opinión la misma cosa) que necesitaría muchas páginas para narrar lo que podría catalogar como una experiencia fuera de serie donde lo más importante fue tener el privilegio de escuchar las historias de vida de las personas que acudían a mi consultorio, a quienes pretendía ayudar a conocerse mejor a través de las herramientas proporcionadas por la Astrología. En ese escuchar, aprendí mucho acerca de la naturaleza humana y sus complejidades. Y a pesar de que, por estar imbuida en esa tarea, no pude dedicarme a escribir tanto como había planificado, tuve la oportunidad de tener mis propias columnas en dos medios de comunicación importantes en aquel momento: la revista *Uno*, editada por el Listín Diario bajo la dirección de las periodistas Martha Sepúlveda y Jacqueline Ventura, para la que escribía *Carta astral*, columna mensual en la que interpretaba de forma resumida y literaria las cartas astrales de figuras masculinas reconocidas, desde el Cardenal hasta el Presidente de la República, pasando por Ricky Martin, Juan Luis Guerra, Hipólito Mejía, y Vincho Castillo, entre otros. Fueron pocos los que escaparon de mi "pluma astrológica". Disfruté enormemente la escritura de aquellos artículos que debido a su breve extensión de no más de una cuartilla y media, fueron un excelente ejercicio dentro mi aprendizaje como cuentista.

Patín de la nueva era, mi otra columna, salía publicada en una revista que formaba parte de otra revista, la famosa Rumbo. En *Patín de la nueva era* escribía quincenalmente de lo que me viniese en ganas. *Patín de la nueva era* fue como un parque de diversiones donde creaba y jugaba a mi antojo. Dos de los cuentos que publiqué al final de ese período, específicamente en 1998, bajo el título de *Invi's Paradise y otros relatos*, fueron escritos originalmente para esa columna.

Invi's Paradise

Para finales de 1998, publiqué mi primer libro de cuentos. A pesar de la confianza que en 1994 me proporcionó ganar un segundo lugar en uno de los concursos más prestigiosos de de la vida literaria dominicana, emprender la publicación de un libro de cuentos fue un paso para el que nuevamente tuve que hacer acopio de cierto grado de coraje. Parecería como si cada vez que me apresto a romper con la zona de confort que puede significar mantenerse haciendo lo esperado y establecido, aparece alguien cuya misión es desalentarme para que, dueña de mis actos y rebelde al fin, me anime a hacer justamente lo contrario. Con *Invi's Paradise* me sucedió igual: a punto de llevarlo a imprenta, no faltó quien intentara recordarme que antes que nada yo era poeta y no narradora, y por tanto, debía aguantarme y no publicar aquellos cuentos. Cuánto me alegro de no haberle hecho el menor caso. *Invi's Paradise*, junto a *Vivienda de pájaro*, es uno de esos libros amados que representan una ruptura lo suficientemente importante para mí en términos creativos, y que sin lugar a dudas, me abrió las puertas a nuevas fronteras y posibilidades.

2000 al 2010: una década de cambios

Cuatro años después de la publicación de mi primer libro de cuentos, tuve la oportunidad de publicar en el extranjero a través de la editorial de la Universidad de Puerto Rico. De esta manera, en el año 2000 presenté mi segundo libro de cuentos titulado *Fin de mundo*, colección que me dio a conocer en la vecina isla, donde desde entonces mis cuentos son conocidos y estudiados.

Me tomó siete años volver a publicar otro libro, tiempo en el que, aparte de escribir y dar talleres de cuento y poesía a jóvenes, me dediqué a reflexionar hondamente sobre mi quehacer creativo, mientras enfrentaba los desafíos que terminaron por crear una nueva estructura y orden en mi vida. En ese ínterin, mis textos se encargaron de caminar solos entre antologías, traducciones, bibliotecas, y aulas, en especial las extranjeras.

Los años transcurridos entre el 2000 y el 2010 estuvieron llenos de transformaciones en el ámbito personal. Se trató de una década de cambios simbolizados por variados e importantes sucesos: un divorcio, cinco años de feliz soltería, tres mudanzas, la muerte de dos seres queridos significativos como mi padre y mi abuela, la boda de mi primera hija, un segundo matrimonio, y el suceso más extraordinario porque nunca estuvo en mis planes: emigrar.

En 2007, un año antes de fijar residencia en los Estados Unidos, publiqué *Emoticons*, mi último libro de cuentos, de nuevo con una editorial puertorriqueña, Terranova Editores. Este libro, que por uno de esos extraños gajes del oficio no ha sido comentado ni reseñado por la crítica dominicana, ni por razones ajenas a mi voluntad puede ser adquirido dentro de mi propio país, me ha traído, sin embargo, muchos motivos de satisfacción, como el hecho de que desde su publicación ha estado siendo ampliamente comentado, criticado, y estudiado, y traducidos varios de los cuentos presentes en esa colección. Es el caso de *Parquecito*, recientemente traducido al francés y publicado en la antología *Les bonnes nouvelles de l'Amerique latine*, compilación de más de 30 cuentos escritos por autores latinoamericanos contemporáneos, editada por Gallimard, con prólogo del Premio Nobel de Literatura Mario Vargas Llosa.

Como cualquier otro escritor o escritora, me doy cuenta de que gran parte de lo que soy y he vivido se lo debo a la literatura. El balance de las fronteras traspasadas y los miedos y desafíos enfrentados, junto a la búsqueda incesante de la libertad creativa que todo artista auténtico aspira, no hacen más que estimularme el deseo de continuar aprendiendo, creciendo y explorando a través de la experiencia literaria, que es lo mismo que decir, humana. Por lo demás, tengo planes de seguir viajando encaramada en mi propia nube. Desde ella, truene, neve, brille el sol o llueva, escribo, escribo, y escribo, que es lo mismo que decir, me arriesgo.

Annecy Báez

Escribe poesía y ficción. Báez es ganadora del prestigioso premio Miguel Mármol 2007 por su colección de historias *My Daughter's Eyes and Other Stories*. Su trabajo ha sido publicado en revistas como Caudal, Callaloo, Vinyl Donuts y *Tertuliando: Hanging out*, entre otras. Actualmente se desempeña como directora del Centro de Consejería de Lehman College. Báez formó parte de la Tertulia de Escritoras Dominicanas en New York.

III. La Escritora

Annecy Baez

Entre historias

Nací en Santo Domingo en la República Dominicana. Después de la muerte de Trujillo nos fuimos a España, o quizás un poco antes. Nunca supe con certeza porque nos fuimos. Un día Papi decía que nos fuimos porque él era diplomático allí y otro día decía que nos fuimos huyendo después que mataron a Trujillo. Crecí entre historias, entre la narrativa constante de mi familia, pero también crecí con el silencio de la pena y el dolor. Mi familia nunca hablaba del pasado, de los desaparecidos, los muertos, de sus amores, o de sus secretos y misterios. El único puente hacía la verdad era mi abuela, a quien todos llamaban La Vieja. Si durante las navidades le dábamos un ponche de leche con ron ella se ponía a hablar del pasado; contaba con más y más detalles a medida que se aproximaba a la muerte.

Mientras estudiaba terapia de familia, me asignaron organizar un árbol genealógico siguiendo las teorías de Bowen; la idea era entender a mi familia. Mi abuela me miró con una mirada triste y distante y acercando los dedos arrugados a sus labios me pidió que mantuviera silencio sobre lo que me iba a decir, su miedo era palpable, *"era horrible esa dictadura,"* y recordó cómo se llevaron al señor que vivía al lado de su casa, *"su esposa se había ido a visitar a su familia cuando se lo llevaron, y él vino a decirme que le dijera lo mucho que la amaba."* Mi vieja me agarró las manos y me dijo llorando: *"recuerdo cuando ella volvió de su viaje, y se tiró en el piso desesperada...cuántos muertos, y cuántos desaparecidos".* Pero cuando me iba a decir más sobre un joven muchacho que siempre le traía plátanos y que un día no volvió, una de mis tres tías paró nuestra íntima conversación. El silencio de mi familia creció en mí un deseo de contar cuentos. En cambio, en ellos crecía el deseo de cubrir sus propias historias para concentrarse en los cuentos y las vidas de los demás. El misterio de sus vidas de vez en cuando surge en mis historias.

Mi primera experiencia

Mi primera experiencia con el cuento y la narrativa viene de mi padre, a quien le fascinaba contarme cuentos sobre la Republica Dominicana, su historia, los tainos, la Virgencita del Altagracia, y de vez en cuando me contaba sobre Trujillo. Recuerdo cómo hablaba de todas las cosas buenas que Trujillo había hecho para la República Dominicana, las calles, iglesias, escuelas y acueductos; me imagino ahora que él quería que yo no tuviera esa vergüenza dominicana que surge por todo el mal que Trujillo hizo.

De noche Papi me enseñaba la isla de la Hispaniola en un mapa, y me decía "Trujillo hizo esto y lo otro" y yo me sentía tan orgullosa. Papi tenía una foto grande que Trujillo le había dado y la tenía en la sala y la mayoría de las veces Trujillo nos miraba con esa cara de caudillo que tenía. Papi siempre le saludaba con un "Hola mi jefe" y decía con nostalgia que Trujillo había sido como su padre. Papi quería que yo, en esta nueva cultura, no me olvidara de la mía. El quería que yo sintiera orgullo de ser dominicana, y lo sentía.

Yo con mi ignorancia sobre la dictadura, y orgullo de niña por ser hija de mi padre, y muy dominicana, le conté a una maestra sobre mi pasado. En ese entonces vivíamos en el Bronx. La maestra de la escuela elemental quería saber sobre nuestro país y nuestra cultura. Y yo con orgullo le dije de todos los cuentos que Papi me hacía sobre el bien que Trujillo había hecho y cómo él era mi padrino y que su hijo tenía una factoría en Tuckahoe, New York, donde mi familia trabajaba. Y riéndome le conté que cuando mi familia llegaba a la factoría ellos le rendía honor al jefe, y "ponchaban" su carta en la maquina como si él también estuviera trabajando con ellos. La maestra me miró con una mirada que hasta ahora me hace sentir que no valgo nada o que soy una ignorante. Me miró y me dijo con rabia que mi Trujillo era un dictador, un criminal y que probablemente mi padre también lo era.

Recuerdo que cuando se lo conté a Papi, él se fue conmigo a la escuela al día siguiente para confrontar a mi maestra. Yo tenía que traducir sus malas palabras al inglés y no sabía cómo hacerlo, porque como niña dominicana, no sabía decir malas palabras. Mis manos estaban húmedas y mi cuerpo sudaba bajo mi *suera* de lana. Temía que después de todo aquello la maestra me fuera a maltratar. Era una maestra alta, flaca, pálida y loca en ese período de los sesenta donde los maestros nos pegaban y jalaban los moños. De vez en cuando se enojaba con nosotros y nos llamaba negros, como si ser negro fuera algo malo. *"Nigers that's what you all are, mixed up nigers"*.

Mi corazón palpitaba cuando ella se me acercaba, pues tenía un temperamento inestable. Temía que me pasara lo mismo que le pasó a mi amiga Jenny, una niña puertorriqueña y delicada, a quien la maestra le tiró un libro porque no pudo pronuncia correctamente una palabra. A Jenny le dio tanta vergüenza que se orinó encima. Hasta ahora recuerdo el olor a orina, era un olor agrio y lleno de miedo. Todavía recuerdo la vergüenza de Jenny, esa vergüenza que viene cuando somos expuestos a una situación traumática, humillante y fuera de control. Y pensar que teníamos que pasar el día entero con esa maestra. Cuando le conté a Papi sobre Jenny y mi miedo a ser maltratada, él se volvió loco. El nunca nos pegaba, no creía que los niños aprendían con humillación y maltrato físico, y nunca iba a aceptar que una extraña lo hiciera. Papi volvió a la escuela y le dijo a la maestra que no se atreviera a tocarme, que si lo hacía ella era la que se iba a orinar y cagar en sus pantalones. No fue un año muy bueno para mí. La maestra me miraba con desdén y yo la miraba con miedo.

Fue mucho después cuando supe lo de Trujillo y las cosas crueles de esa dictadura, que me volví como las mujeres de mi familia, silenciosa y llena de vergüenza. Mientras tanto, leía historias sobre los héroes dominicanos que pelearon contra la cruel y larga tiranía, y sobre todos los que la apoyaron, quienes de un modo u otro eran tan crueles y malos como Trujillo. Esa generalización me afectaba profundamente. Miraba a mi padre, el cual era tan bueno, y no podía imaginarme que él podía haber sido parte de esa crueldad. Por mucho tiempo mantuve un silencio profundo. Pero hoy me encuentro aquí hablando del pasado, por primera vez sin miedo, con aceptación, pues mi padre fue un buen padre al cual quise profundamente. Es interesante cómo la próxima generación tiene que lidiar con lo que la previa hizo. Trujillo sigue como un fantasma en la memoria de todos, y es interesante cómo sigue su poder en la próxima generación.

Recuerdo que un día, mi hija, la cual estaba en el octavo curso quería hacer un ensayo sobre Trujillo. Fuimos a la universidad de Nueva York, buscamos libros sobre Trujillo y ahí en esas páginas viejas encontré a mi padre, su brazo protegiendo a Trujillo saliendo de una iglesia. Su historia, de repente, se volvió palpable. Lo llamé. Quería que me contara su historia, pero Papi se había vuelto más y más silencioso con el tiempo. Después de un largo silencio, me dijo que probablemente Trujillo estaba sufriendo de paranoia, pues sospechaba de todos, pero también me dijo que él tenía mucha razón de ser paranoico pues sabía que su vida estaba en peligro.

Mi padre y sus cuentos fantasticos.

Papi continuaba con sus cuentos, algunos tan fantásticos que aún ahora me dan ganas de reírme. En el fondo sé que más que nada quería que sintiera orgullo de ser dominicana, aunque nuestra historia estuviera llena de sangre y lágrimas. Un día le pregunté por qué los niños decían que yo era china cuando yo era dominicana. Papi comenzó con sus cuentos fantásticos sobre mis antepasados chinos y hasta me llevó a China Town para que yo aprendiera sobre mis antepasados que habían inmigrado a Santo Domingo para abrir una lavandería. Papi tenía su Buda cerca de la Virgen de la Altagracia, supuestamente un ejemplo de su espiritualidad católica y budista.

Mi familia era espiritualmente muy diversa; congregaba evangélicos, católicos, pentecostales, episcopales, espiritistas y santeros. Mi tía santera de un día para otro se convirtió a evangélica y la misma pasión e intensidad que tenía para los orishas los puso en Jesús y en Dios. Papi defendía la diversidad espiritual de nuestra familia, y sentía que nuestra a emigración a los Estados Unidos era lo que necesitábamos en ese entonces. Veía a los Estados Unidos como un paraíso donde uno puede ser quien uno quisiera sin ningún problema.

Regreso

Mi padre, mi familia, mi cultura y las condiciones sociopolíticas fueron mi fundación para el cuento. Crecí en el Bronx, pero en mi adolescencia nos fuimos a vivir a Santo Domingo. Allí me inscribieron en el Colegio Santo Domingo, un colegio católico de mucho prestigio. Asistía a las clases del programa bilingüe, lo cual hizo mi estadía más placentera pues escribía más inglés que español.

Recuerdo esos tiempos con mucho amor y nostalgia. En Santo Domingo desayunaba poesía, pues Papi después de leer el periódico Listín Diario me dejaba recortar los poemas que allí se publicaban, poemas de diferentes poetas dominicanos, que yo pegaba en mi diario. En el colegio, mis amigas adolescentes se rebelaban contra la estructura social y se acostaban en medio de la avenida Bolívar, en demostración pasiva, para comunicar sus sentimientos en contra de una u otra cosa. Yo nunca podía participar pues Papi, sabiendo como amaba el colegio, prometía dejarme sin ninguna educación si yo me atrevía acostarme en la calle en protesta con mis amigas.

Sabía en mi alma que algo importante nos estaba pasando a todas y quería grabar ese tiempo como una memoria en un libro, pero no sabía cómo hacerlo. Leía mucho; leer era un modo de transportarme a otro mundo, pero también era un modo de aprender a escribir. Mi primera ilusión de escribir vino por un libro que leí *El Diario de Ana María,* escrito por Michel Quoist. Después de leerlo comencé a mantener mi propio diario. Escribía todos los días, y leía mucho sobre psicología pues quería entender el comportamiento humano. Quería saber quién era yo y cómo podía lidiar con mis sentimientos y mi familia. La relación con mi padre cambió drásticamente durante mi adolescencia, período en el que más lo necesitaba. De repente se volvió muy estricto y no me permitía expresarme, o hablar de cosas que no fueran aceptables para él.

Mi primer cuento

Escribí el primer cuento a los quince años, y le decía a Papi que yo quería dedicar mi vida a la pintura y la escritura y le preguntaba cómo hacerlo. El decía que escribir o ser artista no era una profesión respetable para una mujer dominicana, pero aún así me ayudó con mi cuento.

En días pasados encontré ese primer cuento escrito en un papel de cebolla que había comprado en una librería de la calle El Conde. Era un cuento fantástico sobre una adolescente y una rosa. A mi profesor le gustó muchísimo y me brindó muchos elogios, animándome para que siguiera escribiendo pero no volví a escribir un cuento por mucho tiempo. Escribía poesía y pintaba mucho. El arte era otra forma de narrativa para mí, el arte y la poesía vivían en mi alma. Durante mi segundo semestre del tercer año del bachillerato, en 1974, volví al Bronx pues mi madre se estaba muriendo y la situación política estaba muy inestable en la República.

En el Bronx

Cuando llegué al Bronx, durante el invierno del 74, me sentía triste y desamparada. Continué con mis estudios; mis maestros se convirtieron en mis padres, pues veían en mí la motivación de aprender. Cogí un curso de literatura judía al mismo tiempo que mantenía mis estudios de literatura española y sudamericana, pero no entendía por qué en ese tiempo no habían cursos sobre literatura puertorriqueña, dominicana o afroamericana. Nuestra voz no existía, nuestras historias no tenían voz, y si la tenían, los libros no llegaban a nuestras manos porque alguien decidía por nosotros lo que podíamos leer o no. Mis maestros judíos me ayudaron muchísimo durante un tiempo donde yo no tenía una guía para el futuro pues al perder a mi madre, perdí a mi padre, y mi familia en el Bronx no sabía nada de estudios universitarios.

Continué leyendo y escribiendo. Leía muchos cuentos clásicos en español y en inglés, esos cuentos que todos leemos en la universidad, siendo Chejov mi preferido, junto con los cuentos de algunos de escritores latinos traducidos al inglés. Visitaba una librería de libros en español que quedaba en la catorce y quinta, y ahí encontraba todos los libros en español que me calentaban el alma, pues yo tenía una relación íntima con el libro, como si fuéramos amantes. Leía todo, pero me gustaban los escritores experimentales y surrealistas, los que querían romper barreras. Por otro lado, continuaba escribiendo, tratando de imitar a todos los poetas suramericanos que amaba, y algunos dominicanos, por supuesto. Mantenía mi diario, nunca cogí un curso de escritura porque en ese tiempo no recuerdo nunca haber visto una electiva sobre escritura o una maestría para escribir. En ese entonces uno simplemente vivía y escribía.

Busqueda

Mi interés en la psicología, en lo social y la interacción entre lo social y la psicología del individuo, me influyó. Fui a Pace, una universidad privada en Nueva York, donde estudié psicología experimental, pero no era el programa adecuado. Yo quería entender al individuo de un modo biológico, psicológico, sociológico y quería entender la interacción del individuo con su cultura y política. Cogí muchos cursos electivos en antropología, sociología, y comencé a entender mejor mi entorno. Cuando descubrí la psicología experimental me decidí a completar un doctorado en la Universidad de Nueva York. Después de cinco años, y al terminar mi doctorado, sentí un alivio muy grande y decidí que quería dedicar más tiempo a la literatura.

En ese entonces continué leyendo para aprender, y cuando iba a Santo Domingo me quedaba muchas horas en la librería *La Trinitaria* comprando libros dominicanos, pues quería leer lo que escribían los dominicanos. Compraba poesía, cuentos, novelas y libros de sociología y psicología. Me ayudó mucho que mi padre había contraído matrimonio con Cristina Uribe de Báez, hermana de la dueña de la librería, Virtudes Uribe.

Motivacion

Durante los 90's estaba escribiendo poesía y quería publicar un poema en la revista *Brújula,* y practiqué hasta al fin poder mandar unos de mis poemas. En ese entonces no pensaba en escribir cuentos aunque leía muchos, pero estaba más inclinada a escribir poemas. Mi motivación para escribir cuentos surgió gracias, en primer lugar, a que mi esposo me dijo que mis poemas eran como cuentos, y eso me animó a pensar que podía ser narradora. También, en 1991, leí en la sección literaria del New York Times sobre una dominicana llamada Julia Álvarez que había escrito un libro titulado *How the García Girls Lost Their Accents*. Sentí una gran felicidad, el libro no estaba en las tiendas cuando lo ordené. Al leerlo, sentí que algún día iba a escribir un libro de cuentos, y que todo lo que estaba haciendo era una preparatoria para eso.

¿Pero cómo prepararme? ¿Cómo se prepara una escritora?

Trabajé como psicoterapeuta de niños por doce años antes de comenzar a escribir. En ese entonces, era la directora de un programa para niños traumatizados sexualmente y estaba escribiendo poemas y pintando para salvar mi espíritu, pues en mi trabajo me veía enfrentada a numerosos casos de padres que prostituían sus hijos a cambio de drogas. Niños de cuatro, cinco, seis años prostituidos y abusados de una manera inimaginable.

Mi mundo cambió profundamente con esas historias de maltratos que oía diariamente. Comencé a buscar paz en el budismo Zen, La oración cristiana, y el Yoga; la diversidad espiritual de mi familia me había enseñado que siempre mi espiritualidad seria así, diversa. El arte también se convirtió en religión: el collage, el pintar y dibujar y hacer libros de arte para mis amistades, me trajo un placer profundo que me ayudaba a olvidar temporalmente las horribles historias contadas por los niños con quienes trabajaba. Fue entonces que comencé a escribir para escapar un poco. Escribir se convirtió en una terapia. También aprendí a ver el espíritu fuerte de los niños, y cómo ellos eran capaces de salir airosos de las más horribles experiencias.

Persistencia

Cuando terminé mi tesis de doctorado me dije a mi misma: si pudiste escribir una tesis, de seguro puedes escribir un libro de poemas, cuentos o una novela. Después de terminar el doctorado en 1995, cogí un curso en la Universidad de Nueva York con la autora Italiana Anna Monardo. Recuerdo que ella me dijo que continuara escribiendo. Fue con ella que escribí la primera versión de *The Red Shoes*, un cuento sobre una madre y su hija y los conflictos que surgen en torno a unos zapatos rojos.

Monardo me dijo varias cosas importantes: que escribiera sobre lo que más amo, las cosas que me apasionan; que continuara a pesar de los obstáculos, y que encontrara una tertulia donde pudiera escribir todas las semanas. Una semana después encontré mi tertulia en un *flyer en Barnes and Noble* en Yonkers. Era una tertulia americana. Nos encontrábamos en la casa de Emily Hanlon, una escritora estadounidense, que por pura casualidad vivía en Tuckahoe. Cuando iba una vez a la semana a Tuckahoe recordaba a mi padre y sus cuentos. Me imaginaba a Papi saludando al

espíritu de Trujillo en la factoría donde trabajaba cuando yo
era niña. A veces pensaba qué pensaría Papi si supiera que
yo estaba escribiendo cuentos, y me imaginaba a mi abuela
decidiéndome con sus dedos viejos que mantuviera silencio.
El primer día de la tertulia llevé mi cuento *The Red Shoes*
a donde Emily y ella, una escritora persistente, compasiva
y curiosa quería saber quiénes eran las amigas y prima de
Zuleika, personaje principal del cuento. Esa noche comencé
a oír las voces de todas sus amigas, primas y tías. Fue en las
tertulias de Emily que surgieron la mayoría de mis cuentos,
Amor Sucks, Pinnochio, To tell the Truth, entre otros.

Coincidencias

Después de un año en esa tertulia, deseaba oír las voces latinas y
afroamericanas, y comencé a tomar clases en Frederick Douglas
en Nueva York. La clase de cuentos cortos, que era la que me
interesaba, estaba cerrada y la única clase abierta era la de novela,
y aunque no estaba pensando a escribir una novela me pareció
que sería una buena idea. Es increíble que mi vida haya sido
una serie de coincidencias llevándome a mi destino. Creo que la
vida es así, hay algo en el Universo funcionando para que uno
llegue a su destino, si escuchamos esas voces silenciosas. Así fue
como surgió mi cuento *El Silencio de Los Ángeles*. En esa tertulia,
por coincidencia, conocí a una mujer que sería mi amiga para
siempre, y quien me conectó con otras mujeres, que también se
han quedado en mi vida, como Marianela Medrano, una hermana
espiritual, y amiga literaria e intelectual. Nelly Rosario, quien
estaba escribiendo su novela *Songs of a Water Saint*, y me dijo que
había una tertulia en Queens donde había muchos dominicanos,
pues Daisy Cocco De Filippis era la anfitriona de la misma.

Recuerdo que para ser aceptada en la tertulia debía mandar un cuento, y le mandé mi cuento *The Red Shoes*. En ese tiempo no sabía que diez años después ese cuento iba a ser traducido por Ruth Herrera, a quien conocí en la Universidad de Nueva York un día que leí en un festival literario. Ella se lo enseñó a Carlos Cabrera, editor de la revista Caudal y poco después fue publicado. Me sentí muy contenta porque Papi pudo leer uno de mis cuentos antes de morirse.

Comencé a asistir a la tertulia de Daisy, y no sé si ella supo el orgullo y felicidad que yo sentía por ser parte de esa gran tertulia. Ahí estaban las poetas que había leído en Santo Domingo, como Marianela Medrano, Yrene Santos, Josefina Báez y muchas otras. La tertulia me puso en contacto con el mundo literario dominicano en Nueva York, especialmente, con Silvio Torres Saillant, Angie Cruz y Junot Díaz. Silvio, en particular, se convirtió en mi mentor; su compasión, su dedicación a la literatura dominicana y a nosotros como escritores, es ilimitada. Fue una época muy productiva. Escribía y leía, me llevaba a mi niña a todas las tertulias y festivales literarios, ella se crió entre poemas, cuentos y los performance experimentales de Josefina Báez en nuestra casa. Mi hija recuerda ese tiempo con mucha felicidad y orgullo de haber conocido tantos personajes interesantes y creativos.

Pero esa euforia se convirtió en confusión. ¿Cuál era mi futuro como escritora si trabajaba a tiempo completo? No tenía una maestría en escritura como Junot, Nelly o Angie, sino que yo era como un hibrido, una mezcla de cosas y tenía que mantener en alto la fe en mi escritura y mi voz.

Fuerte y determinada

En 1998, decidí dejar mi trabajo con los niños abusados y traumatizados para comenzar lo que me imaginaba sería un cambio favorable que me traería paz para escribir. Me fui a trabajar a la Universidad de Nueva York, lo cual resultó ser mas traumatizante que las historias de los niños, pues un trabajo de profesora en una universidad como la de Nueva York requiere que una escriba profesionalmente, y que escriba propuestas financieras para la universidad, además de dar clases. Eso fue muy difícil. Pero escribí mis artículos profesionales sobre los dominicanos y las necesidades concernientes a salud mental, escribí sobre alcoholismo y sobre la intersección de la psicoterapia y el espiritismo/santería, un artículo que nadie pensó se iba a publicar en el prestigioso journal *American Orthopsychiatry*. Después de seis meses editando ese artículo lo publicaron, y en la actualidad es usado frecuentemente en las clases de psicología. Lo escribí con mi esposo, David Hernández, el cual en ese entonces conducía un taller conmigo para traer más entendimiento en la comunidad sobre la diversidad espiritual latina. Aunque no fue un trabajo fácil, después de seis años y varios artículos, comencé a sentirme cómoda en NYU.

Y siendo quien soy, fuerte, persistente, y determinada, porque al fin y al cabo soy la hija de mi padre, hice todo lo que tenía que hacer para escribir mis artículos profesionales, pero mientras iba en el metro para la universidad de Nueva York (el viaje me cogía una hora ida y una hora de vuelta), escribía poesías, memorias, editaba mis cuentos para el futuro y comencé a escribir una novela titulada *The Collector of Common Prayers*.

En ese entonces mucha gente que yo conocía también estaba escribiendo una novela; Angie Cruz estaba escribiendo *Soledad,* y Nelly Rosario, *Songs of the Water Saints.* Mucha gente me decía que los cuentos no eran muy populares si uno no tenía un agente literario y los había publicado en revistas de prestigio. Escribir una novela coge tiempo y los personajes me estaban agotando con sus confusiones y sus dramas. Un cuento es fácil, uno o dos personajes, una idea, y ya. Una novela consume el alma. Pero bueno, estaba determinada a escribir la novela, pero mientras tanto leía mis cuentos en cualquier sitio al que me invitaran.

Un día estaba leyendo uno de mis cuentos en una universidad y una joven me preguntó: "¿cuándo vamos a ver tu libro? ", lo que me dio la motivación que necesitaba para recolectar mis cuentos, ponerlos todos juntos y comenzar a ver si tenía un libro y podía conseguir un agente que me representara. Debido a que trabajaba a tiempo completo como profesora, sabía que ningún agente literario iba a estar interesado en mí, y los agentes que conocí ya tenían a alguien dominicano y no necesitaban a otra dominicana, aparte de que yo no tenía un libro, y menos un libro para una editorial grande. Tenía que saber quién yo era como escritora, dónde podía publicar y cómo. La verdad es que conocí a muchos agentes que fueron muy buenos conmigo y me dieron mucha fe y consejos que me ayudaron para el futuro, y fue uno de esos consejos que me ayudó a ser publicada.

Escribir es parte de mi ser

Poco después del 9/11, en el 2002, decidí encontrar mi propia editorial, una editorial pequeña pero con prestigio que me tratara como parte de una familia. Eso fue lo que lancé al Universo y por coincidencia me encontré con un libro titulado *Yo soy la Avon Lady* de Lorraine López, publicado por Curbstone Press. En la contraportada del libro había un bello mensaje que hablaba de conciencia social escrito por Curbstone Press, y me dije: "Wow, encontré mi publicitaria". Yo tenía mucho respeto por Curbstone. Le mandé una carta y un cuento, y Sandy Taylor, el editor, me escribió y me dijo que tratara de ganar el premio Mármol, pues eso me garantizaba publicación en Curbstone Press.

El primer año mandé mi manuscrito a Curbstone, y no gané. Estaba desilusionada, pero Sandy me dijo que tratara otra vez. La segunda vez no gané, pero resulté finalista y me dieron mucho *feedback*. No gané la tercera vez tampoco, pero si gané la cuarta vez. Lo que hice para ganar en esa ocasión, fue que escribí el libro como una novela en cuentos, en vez de tener un libro con cuentos de diverso caracteres. Había leído en la revista *Poets and Writers* que cuando uno quiere hacer eso sólo tiene que leer el último cuento y escribir el libro como al revés, ese fue el consejo de un escritor, y eso fue como un bombillo en mi mente. Mi último cuento era *My Daughter's Eyes,* en el cual una niña está viendo a la madre meditar y quiere que su madre le de permiso para pintarse los ojos, pero ella sabe que la madre no la va a dejar porque solo tiene trece años de edad. Lo que hice fue que corté ese cuento y la primera parte se convirtió en el primer capítulo del libro, y la segunda en la parte final, y es como si la niña estuviese viendo la vida de su madre en capítulos hasta el final. Todos los personajes en el libro se conocen, son primas o amigas, y los cuentos comienzan en el Bronx, en 1970, se van a Santo Domingo, vuelven al Bronx, y terminan en Westchester County, en el 2000. Esa fue la clave que me hizo ganar el Mármol Prize en 2007.

Seis meses después de publicar *My Daughter's Eyes and Other Stories* murió Sandy Taylor, mi editor, quien era como un padre para mí; tenía tanta confianza en mí como escritora, y me daba fe y esperanza. Siento que he tenido mucha suerte, el libro es usado en algunas clases universitarias, programas de Estudios Caribeños o de literatura afroamericana. De vez en cuando recibo cartas de estudiantes que lo están leyendo. Es increíble cuando recibo una carta o un *"thank you"* por el libro. Y es increíble cuando alguien me escribe y me dice que la hermana estaba leyendo el libro y se lo recomendó, o cuando estudiantes me escriben e invitan a leer o dialogar con ellos. Igualmente me da satisfacción cuando alguien usa mis cuentos para dialogar sobre asuntos socio-políticos, como Marisel Moreno en Latino(a) Reserach Review, su artículo *The Tyranny of Silence: Marianismo as Violence in the Works of Alba Ambert and Annecy Báez.*

El escribir para mí es parte de mi ser, de mi vivir. A veces, como ahora, la vida me trae dificultades personales, penas, y tristezas, pero sé que puedo escribir, y si no puedo, sé que la historia siempre estará ahí esperando por mi voz.

Dinorah Coronado

Escritora dominicana residente en Yonkers, NY. Escribe poesía, novela, cuento, teatro y ensayo, tanto para adultos como para jóvenes y niños. Fundadora del Teatro Coronado. Autora de varios libros premiados *(Juanito y su robot, Raquel, A la sombra del flamboyán, Rebeca al bate y dos cuentos más, Cuentos Encantados.)* Sus libros más recientes son *"Soy campeón"*, novela sobre su padre y *"Dos caminos"*, libro de cuento. En su dramaturgia y textos literarios destaca siempre el papel de la mujer en sus distintas etapas: Minerva Mirabal, Gabriela Mistral, Maya Angelou, Mujeres Constitucionalistas, Mujeres de la Independencia, Inmigrantes y otras.

IV. Maleta de palabras y silencios

Dinorah Coronado

Nací en el ocaso del año cuando el otoño saluda el invierno con su traje multicolor. La cigüeña trajo una niña con escaso pelo, sujeto por lacitos rosados que bordaba mi madre. La cinta azul de la canasta de guano cedió su lugar a otra, con disimulada alegría. La canela de mi piel matizaba la blancura de sábanas orladas, con mi nombre en el centro.

Luciérnagas iluminaban mis gestos al inventar la primera sonrisa. Una mecedora, el pecho de mamá, adormecían mis gemidos, bordados entre la vigilia y el sueño. Nací lejos del mar, entre murmullos de arroyos y ciguas. Con el sonido juguetón de los mangos que se tiraban del árbol como niñitos traviesos.

Y allá en Jumunucú, detrás de mi casita, las palmeras se vestían con las faldas de la montaña, entre el verde que copiaban mis ojos, asomándose al café de mi padre. Nací cuando el viento barre los pesares, desafía la tristeza y la luna se esconde para disfrutar su alegría sin testigos.

El color rosa escasea en mi ropa, me esparzo entre todos los colores, según me plazca. Con los pies planos recorro puentes, carreteras, sobre la palanca de mi carro fiel o en la danza de pasos reflexivos.

Amo los edificios bajos que me permiten ver las estrellas, los techos de zinc con sonidos tranquilos de lluvia. Comparto mis versos y contra versos con ritmos de varias fronteras.

Esencias eclécticas de valles, montañas, mares, se entretejen en mi historia, la cual comparto con otros que nacieron un día cualquiera.

Me hicieron con mecanismos perfectos. Piernas, ojos,... un vientre prolífico.

Canto, río con llanto, espanto mis temores con el desafío de una canción, con los miedos contados por otros. Me rebelo, me resigno; pienso en el amor. Después... ese es otro cuento.

"Hablar cura", decía Freud. Me atrevo a parodiarlo con la frase "Escribir sana". Lo he percibido toda mi vida, para cuyo trayecto he puesto en las maletas a dos amigas inseparables: la literatura y la psicología. En los libros religiosos leídos en mi infancia, saboreaba un lenguaje colmado de parábolas y metáforas. Después siguieron los libros de la serie "El sembrador", donde Rubén Darío con su princesa Margarita, en palacio de diamantes y Gabriela Mistral con "Doña Primavera viste con primor", me bañaron de poesía exquisita y sensaciones nuevas. Luego vinieron las lecturas de Julio Verne, José Zorrilla, Shakespeare, los rusos, Thor Eyedal, algunos latinoamericanos y las anécdotas narradas o dialogadas en los velorios y patios de escuelas, me imprimieron un despertar maravilloso. Estos autores me llevaban de un mundo al otro, a su propio antojo. Desde el pueblo donde me crié y en el internado de la escuela normal, me trasladaba mentalmente hacia todos los confines del mundo.

Recuerdo la timidez que me afectaba en la adolescencia y el efecto curativo que ejercieron la poesía y el teatro en mí. Con la guía de mi maestra de literatura memorizaba, escribía poemas; representaba personajes de obras leídas; podía mantener la concentración en el personaje, a pesar de la reacción de la audiencia, de la cual me asombraba al final, cuando advertía todos los ojos puestos en mí.

En la psicología he hallado ideas sugerentes para liberar mis emociones, frustraciones y quimeras, a través de la palabra escrita. He podido hallar el vínculo entre escuchar a la gente que me rodea, conocer sus vidas y volcarlas en mis relatos. He aprendido a comunicarme con mi silencio, ahondar en las sinuosidades de mi interioridad y dialogar de tú a tú con mi conciencia del mundo, dentro de un marco referencial muy particular.

Al volcar detalles del pasado, sin juzgarlo, recreándolo; al transcribir mis sueños, el quehacer onírico, en las vidas de otros personajes, al llenarme de la experiencia de los diversos autores para enriquecer mi estilo, al advertir que la literatura nos compensa emocionalmente y al establecer metas en la realización de un proyecto escritural y el sentirme auto-realizada, hago acopio del legado de Freud, Adler, Pearls, Skinner y Maslow..

En psicología se recomienda el establecimiento de metas mediante un auto-contrato. Se me ocurre recordar la experiencia que viví hace unos años, tras obtener búhos rojos de madera. Un día de mi cumpleaños, en mi país natal, una joven oriental me regaló cinco búhos con los ojos blancos, sin pupilas. "Cuando pienses realizar un plan, píntale un ojo a uno de los búhos. Una vez lo realices, píntale el otro". La emoción me llevó a pintarle un ojo a cada búho, respondiendo a las metas de terminar una obra infantil, escribir un par de ensayos de dos obras leídas, copiar en la computadora una decena de cuentos cortos, terminar una novela juvenil. Se me creó una ansiedad enorme al ver esos búhos tuertos en un pequeño estante. Mis amigos se sorprendían del efecto psicológico de los animales con un ojo pintado solamente. "No dormiría", me comentó uno de ellos.

Sin embargo, la trampa de los búhos me permitió cumplir con los proyectos pendientes en ese momento y disciplinarme un poco más en mi labor literaria. Un plan que finalizó en otro puerto, tras salir de mi país. Fue el encierro, la lejanía, la nostalgia, la estadía en otro suelo, las palabras y silencios, los que provocaron una inusitada pasión por la escritura, después de haber sido una lectora infatigable.

La literatura me ha permitido conectarme con mis antepasados, especialmente con mi abuela materna, a quien describo y con quien convivo en el recuerdo de mi adolescencia, en la novela "Raquel". Un texto que recrea los paseítos en las aceras con las amigas, el rejuego de emociones y sueños de una jovencita que cuenta sus nexos con enamoraditos, dificultades en la escuela, su visión de la vida en el marco que la rodeaba y hasta la celebración de sus quince años, cuyo onomástico no pude celebrar como otras adolescentes en mi pueblo de Bonao, por las precariedades económicas de mi familia. Esta novela ha sido también instrumento para canalizar y fortalecer la memoria, convivir con la nostalgia de inmigrante y extraer los fantasmas interiores, como dice Isabel Allende.

Octavio Paz expresa esa conexión en el ensayo *El idioma español*: "Mi amor por la palabra comenzó cuando oí hablar a mi abuelo y cantar a mi madre, pero también cuando los oí callar y quise descifrar o, más exactamente, deletrear su silencio... Por eso el amor a nuestra lengua, que es palabra y silencio, se confunde con el amor a nuestra gente, a nuestros muertos, los silenciosos, y a nuestros hijos que aprenden a hablar".

En la literatura he podido hallar mi propia voz, sondear en mis adentros, rascar la memoria, extraer los recuerdos, buscarles respuestas a los cuestionamientos del nuevo sistema que me ha tocado vivir y tratar de reinventarme en esta mezcla de culturas. El contacto con la computadora me ha hecho independizarme en la transcripción de mis textos, previamente escritos en hojas sueltas o libretas de bolsillos. A veces es un esbozo o una impresión fuerte lo que da inicio a un texto que garabateo poco a poco. Entonces carretera, escalera abajo, me encuentro mentalmente con los personajes que me hacen olvidarme de los casos reales que se filtran en mi trabajo cotidiano de consejera escolar.

Muchos de los niños a quienes ofrezco mi servicio en el departamento de educación especial, viven expuestos a la fantasía y al exceso de videojuegos violentos o son adoptados; algunos han caído en la demencia por las sustancias nocivas en sus cuerpecitos y el tanto anhelar convivir con sus padres biológicos, a quienes apenas pueden ver en salones supervisados por trabajadores sociales; muchos de estos niños tienen a sus padres en cárceles, a los cuales añoran ver y dedican tiempo, diseñándoles tarjetas cargadas de anhelos. Todo esto unido a la diaria lucha por la sobrevivencia en un país que vamos sintiendo nuestro, pero que siempre nos sabrá ajeno; donde tratamos de encaminar a nuestros hijos en un ambiente minado por la deserción escolar y el irrespeto, nos exige un despliegue de energía y tensión enormes. Entonces necesitamos la palabra, para reinventarnos dentro de un mundo matizado por el optimismo y la búsqueda del aliento.

En el quehacer literario contamos con el oasis del verbo donde compartimos con otros escritores/as el fruto de nuestra creatividad, lo cual ejerce un efecto tonificante, alentador, estimulante. En la medida que nos escuchamos a nosotros mismos, saboreamos el arrullo de nuestras voces, palabras que entretejen nuestra creatividad y nos deleitamos placenteramente con el pasado y los sueños volcados en las páginas calladas.

Así nos encontramos con tertulias en que nos bañamos de presente, pasado y futuro, permitiendo de ese modo el acto de sanación colectiva, a través de la escritura. En los encuentros de *Escritoras Dominicanas en los Estados Unidos*, (dirigida por la Dra. Daisy Cocco de Filippis), *Latino Round Table, Lart; Trazarte, "Inarú", Culturarte, Nosotros contamos (Comisionado Dominicano de Cultura), Feria de Escritoras Dominicanas* y otras tantas, traemos a la mesa los mejores frutos de nuestra imaginación, cincelados con espontaneidad; hallamos nuevos temas, exploramos nuevas posibilidades, en un ambiente de apoyo y encontramos nuevas rutas para explorar y afrontar la vida.

Por otro lado, siento que la literatura es un instrumento valioso para conocer mi papel como mujer, liberarme de represiones, tabúes sociales y verme como un ser pensante, participativo, dentro de un tiempo y unas circunstancias limitantes. Repartida entre mi trabajo, familia, quehaceres del hogar, relaciones rotas, muchos de mis desalientos y esperanzas se vuelcan en mi narrativa, poesía y teatro; en la vida misma de mis personajes.

Quizás donde he sentido más de cerca las interrogantes del papel protagónico de la mujer ha sido en mis obras de teatro. Las veces que mis obras para adultos han sido llevadas al escenario siento un placer inmenso al ver cómo la mujer se apropia del escenario para decir su verdad, develar sus frustraciones y amasar esperanzas. "La inmigrante a tiempo parcial, "Piedra Preciosa", "Las gemelas de Bonanza", "Abuelas de boda", "Secretos de Mujeres", "Minerva y Manolo", "Gabriela Mistral", "Alfonsina Storni", "Amor en tiempo de guerra", "La psicóloga indocumentada", "Las inmigrantes" o "Mujeres de Febrero", son algunos de los dramas donde se expresan más abiertamente las mujeres que se me revelan en la imaginación.

La escritura me ha servido como "pasaporte" de buena o pesada voluntad en el medio cultural, algo que ofrecer como Mujer-intelecto, Mujer-sentimiento, Mujer-Mujer. Una escritura hecha de acechones, en intervalos de almuerzos en el trabajo, frente a un semáforo, tras las notas rápidas en carreteras taponadas; después de rezar el Ángel de mi guarda con mis hijos o echarle agua al fuego tras un conflicto familiar.

Cuando escribo desato los hilos de acciones cotidianas, tomo conciencia del reto de vivir, trato de estar alerta a las impresiones que calan mi sensibilidad, vuelco mi parecer, negocio con los personajes, si puedo, y pinto las palabras con mis fantasías, pues como dice Borges, "Lo real del mundo, procede del universo de la imaginación".

Recuerdo el día en que mi hijo que contaba con seis años en ese entonces, se encerró en el cuarto de baño a la hora de salir a llevarlo a su escuela, antes de irme al trabajo. Con la excusa de terminar un cuento que yo había dejado en ese cuarto, se tomó unos veinte minutos para salir, después de muchos ruegos y promesas de no castigo y alguna recompensa. Fue tal la tensión, que en cuanto me detuve en un semáforo, en el reverso de un recibo de pago, escribí las primeras líneas de la obra "Un día para el amor".

También el relato "Un día cualquiera" plasma la agonía del invierno y la presión de tener que cambiar el carro de un lado a otro de la calle, precisamente antes de las ocho de la mañana en un frío día de diciembre. A la hora mencionada, mi hijo dormía aun, la fiebre lo había hecho quedarse en la cama y además de no poder ir a trabajar, yo tenía la disyuntiva de si dejarlo solo y cambiar el carro antes de que viniera la policía o esperar la multa. Por supuesto que se impuso la multa. Fue tanta la ansiedad, que solo me calmó el poder narrar la experiencia en un papel, un par de horas después, luego de reponerme emocionalmente. Este relato me hizo tomar conciencia de la compleja situación de tantas madres solteras, en peores condiciones y con mayor número de hijos, quienes llenan los periódicos con su aparente negligencia a la hora de un accidente de sus hijos cuando muchas de ellas se han ausentado por pocos minutos a comprar una medicina o algún alimento para sus hijos.

La literatura produce también escozor, retorcijones, inquietud. Al vaciar un relato en el papel, nos queda el deber de pulirlo. Al presentárselo a un agente literario, las negativas nos asedian emocionalmente y la inseguridad nos hace vulnerables, minando, en muchos casos, nuestra autoestima. Por otro lado, el encuentro con un mundo tan cosmopolita y en el que predomina la visión del mundo desde otra lengua y otro esquema mental, cultural, nos hace sentir como náufragos. Por otro lado, la responsabilidad que impone el medio a la mujer, nos restringe el tiempo de movernos a compartir los textos, gestionar venta y publicidad del material publicado. Así vendemos los libros en presentaciones y librerías de reducido alcance, a "cuentagotas".

De este modo, se me ocurre que en ocasiones el acto de escribir de la mujer se proyecta como un acto de abnegación, como nos han enseñado en familia, con lo cual perpetuamos nuestro papel de seres que actúan con otros, por otros y para otros.

Me inicié con la poesía romántica, melosa y algunos que otros poemas a la patria, la naturaleza, leídos en tertulias callejeras, como la que organizaba Silvano Lora en la calle El Conde, a principio de los ochentas. Luego los diarios y cartas que escribía en momentos difíciles, dieron paso a la narrativa, género en el que he tenido mayor reconocimiento con los diversos premios obtenidos, tanto en cuentos como en novelas dirigidas a niños, jóvenes y adultos. El apoyo de editoras destacadas me han abierto puertas y se encargan de distribuir mis libros en escuelas privadas y en librerías dominicanas, especialmente. "Juanito y su robot", "A la sombra del flamboyán", "Rebeca al bate", "Raquel" y "Cuentos encantados", que son mis libros representativos a nivel de premiación (Barco de papel, Premio Nacional de Literatura Infantil, Letras de Ultramar en novela, Funglode, novela y Premio de .Literatura Infantil en Puerto Plata.)

Pienso que la poesía es como un sedante natural, las palabras se llenan de emociones que bullen con preguntas, inquietudes, amores y desamores. Entre la escritura narrativa y teatral, hago puente con la poesía. De ahí nacen libros como "Interioridades", "Andanzas, laberintos y olvidos" y otros tantos inéditos. A veces se cuela uno que otro premio en este género, como uno en España y otro en New Jersey. Es muy refrescante escuchar a los poetas, no hay placer que sustituya el acto poético de compartir versos en círculos literarios.

He tocado el ensayo con pinceladas rápidas en foros de cultura. "La mujer en el teatro dominicano", "La criada en la novela *Solo cenizas hallarás*", "La mujer en la historia de la literatura", "Literatura como terapia", "Apuntes sobre la literatura infantil dominicana"; "Radiografía del ambiente teatral dominicano en New York", "Presencia latina del teatro en New York", esté último publicado por una prestigiosa revista de Casa de las Américas, y otros tantos temas de enfoque psicosocial publicados en revistas y periódicos. Me gusta leer ensayos literarios y filosóficos por la apertura mental que provocan. Eso lo siento cuando leo a Borges y Octavio Paz, por ejemplo.

El teatro es como la cara visible e inmediata de mi quehacer literario. Me envuelve la magia del escenario, el compinche de los actores, la complicidad con los personajes y la eterna comunicación con agentes comunitarios y el público. Es una de las tareas más complejas que he realizado, pues me siento como una mujer orquesta: dramaturga, actriz, productora, publicista y todo lo que envuelve llevar una obra a las tablas. Alcancé un Premio ACE 2010 con la obra basada en la novela del Profesor

Bosch, "La Mañosa". Me había inspirado en un cuento, pero como me gusta el desafío, preferí adaptar una novela. Acabé escribiendo el poema a mi querida mula llamado "La Mañosa". El camino se ha alargado más de lo que yo pensaba y ya llevamos unas veinte obras de mi autoría escenificadas en distintas partes del mundo. Hemos llevado teatro a los diversos rincones de la comunidad dominicana, y la satisfacción que nos queda es despertar el gusto por el teatro en gente que presencia un drama por primera vez porque andamos con maletas de luces y trapos, sembrando ilusiones y creando catarsis en distintos escenarios. Ahora hemos escalado a las preguntas: "¿Qué tienen en cartelera?" "¿Cuándo es la próxima obra?" "Me gustaría ver en escena la vida de mi abuela."

Uno de los momentos más impactante que he experimentado en mi sendero literario fue la escritura de la novela "Soy campeón", en honor a mi padre. Con ella pude reconstruir la vida de mis antepasados más cercanos, conocer la historia de mi provincia natal, La Vega, la genealogía y los recuerdos y hazañas de mi padre. El día oficial de la presentación, evoqué su sonrisa y en su nombre agradecí la publicación del primer maratón que se celebró en Dominicana, del cual mi progenitor fue el protagonista. Sabía que desde el más allá, papá pronunciaba la palabra gracias, la cual resonó en el corazón de todos los presentes. Fue un gesto maravilloso y de apertura de la editora Alfaguara-Santillana. Los jóvenes hallan en esta historia una antorcha para alumbrar sus bríos.

Como siempre, mis escritos suelen salpicarse de poesía. También este libro lo introduzco al mundo con un poema **"A mi campeón"**:

> *Con tu historia nutro la memoria/ me torno en amapola, reina de montañas/ en sombrero florido que adorna tus rieles/ Entono la risa con mi canto/ aparejo la bestia que resabia en mis adentros/ planto salmos poéticos en la espalda del monte/ recorro los confines del olvido/*
>
> *los relatos ignotos, inventados/ a partir de tu sonrisa indeleble.*
>
> *Con tu historia renuevo el llanto y la alegría/ multiplico tu acento tranquilo/*
>
> *Y saboreo el almíbar de tus juegos./ Galopo en tu cansancio, en tus preguntas/*
>
> *repito el brillo de la estrella que dejaste/ bebo el néctar de tu triunfo/*
>
> *me visto de laurel en la esperanza./Tu antorcha encendida es un trofeo a la perseverancia/ a los sueños que se impregnan /en las huellas doradas de los tuyos/*
>
> *y que hoy imprimo en las páginas abiertas de un libro.*

Con los viajes a los Estados Unidos, Europa y Latinoamérica, mi literatura se ha enriquecido, pero los temas nativos, el entorno donde crecí y las vivencias en mi país son como latidos incansables; es el sazón que imprime su sabor inconfundible a mis textos literarios. El mundo neoyorquino donde me ha tocado pasar una tercera parte de mi vida, me ha regalado sus encantos e incógnitas, de modo que me nutro de la herencia de muchas culturas, de muchos idiomas, costumbres, tradiciones y diversidad literaria. En la novela "Entre dos mundos", en la obra teatral "Las inmigrantes" y en el poema "Ciudad utópica", se cuelan mis impresiones y sentimientos en torno a New York.

Ciudad utópica

Ciudad, retazo de presente, de olvido/sientas la historia en bancos de parques/ en piruetas de transeúntes/ suspiros dispersos/ en abrazos de soldados/Ciudad, eres espejo de ferias/donde el silencio pierde su rostro/entre rumores de ecos /Eres encuentro, desencuentro de atardeceres/ tedio, prisa, sueños./Ciudad utópica, en ti caben las quimeras de/ exploradores, nativos, inmigrantes soñadores./En ti encuentro la quietud del pensamiento/el bullicio de la cibernética./ En esta ciudad espejo, con ropaje de lluvia/se humedecen retazos de mi vida.

A modo de conclusión, y al traer a la memoria tantos aspectos variados del efecto de la literatura que bullían desordenados en mi mente y que hoy plasmo en un papel a fin de compartirlo con todos y todas en un acto de amor a la escritura, he sentido en mi interior el efecto tonificante de la literatura, y sigo mi ruta con la maleta de palabras y silencios, porque la literatura es un acto compartido, pensado y cristalizado en un rincón solitario, donde vagan fantasmas interiores a los que desafiamos con el papel y el lápiz, al que Alfonsina denominaba "la bomba del tiempo", pues la escritura nos inyecta brío, pasión, reto, espacios comunes y una solidaridad inquebrantable para izar el estandarte de la palabra.

Emelda Ramos

Narradora, ensayista, antóloga dominicana, nació en Salcedo, el 16 de septiembre de 1948.

Con estudios de Educación, Filosofía y Letras, Bibliotecología y Lenguas Modernas, ha publicado:

El despojo o por los trillos de la leyenda, novela, 1984. *De oro botijas y amor,* cuentos, 1998. *Como escribir un poema con Pedro Mir,* ensayo, en coautoría con Chiqui Vicioso, 1999. *Angelario Urbano,* cuentos 2002. *Cuentistas dominicanas,* antología de la editorial centroamericana,Letra Negra, 2008. *Delia Quesada, pionera de la dramaturgia infantil,* ensayo, 2009. *Ocho Cuentos de Oro,* 2010. *Los oficios y placeres de Miralvalle,* relatos, 2010. *El cuaderno de la rosa,* antología, 2010.

Conferencista, ha representado al país en eventos internacionales, donde promueve la lectura y la literatura dominicana; textos suyos han sido seleccionados para innúmeras antologías, traducidos al inglés, italiano y al sistema braille. Reconocida con el Premio Nacional de Narrativa Virgilio Díaz Grullón 2010, este año obtuvo Mención de Honor en el primer certamen nacional de minificción Ciudad del Ozama.

V. Génesis, pasión, identidad y búsqueda de una escritora dominicana

Emelda Ramos

Todos nacemos poetas (quitando los cuatro gatos que organizan las guerras), ha dicho la reconocida poeta española Gloria Fuertes; pero yo pienso que si por obra y gracia de Dios nacemos poetas, llegar a ser escritora está fuertemente condicionado por el contexto en que se nace. Nací, el otoño del 48, en San José, un paraje ribereño del río Aguas Frías, frente a Ojo de Agua, en la finca cacaotalera que plantó el abuelo materno de mi padre, en tiempos de la Restauración, y que posteriormente fue partida en dos por la carretera Salcedo-Tenares. En ese enclave, levantaron y ensancharon mis padres, Gustavo Ramos Portorreal y Ana Concepción Tejada Bretón, la casa de madera donde nací, crecí, y me multipliqué en dos hijas y un sinfín de historias. En esa vivienda que llamo "Mi casa de frente al azul" por tener siempre a la vista la comba celeste, el azul pizarra del Cerro de La Cruz y ante el portal, en el cielo, la estrella polar, es donde, gracias a Dios aún vivo, medito, me afano, me sueño, me escribo.

Pero cómo y cuando nací, en lo que la narradora Carmen Martín Gaite llama "el reino de lo literario", es lo que parece ser objeto de interés en todas las entrevistas, sean tradicionales, cara a cara con el autor, o los cuestionarios en espacios digitales tan en uso. Para mayor especificidad, las preguntas con que siempre me crucifican son:

- ¿Desde cuándo escribe?
- ¿Cómo supo que quería ser escritora?
- ¿Cuándo se dio cuenta de que era una escritora?
- ¿Por qué escribe?
- ¿Cuáles son los problemas que tiene que enfrentar?

Asumiendo que los entrevistadores son una metáfora de mis lectores, veo propicio este diálogo para encontrar con ellos alguna respuesta válida, y, para abordar la primera interrogante, recurriré a un pasaje real en el que, como en los tiempos bíblicos, un buen día apareció en mi andadura, cierta persona y con sus sencillas palabras, me transportó a las experiencias fundacionales de mi ser, del que sería, como habitante del reino de lo literario. Fue en 1998, en una terminal de aeropuerto, cuando de pronto tuve ante mí a Disnalda Fernández, prima hermana que no veía en años, y en la algarabía de los saludos, reparó en mi equipaje. Enseguida le expliqué que me iba a Nueva York, invitada a leer mis cuentos en el Encuentro de Escritoras de Hunter College. Sorprendentemente, como si hablara para sí, me ripostó: *¿Y ahora es que lo saben? Psst, a mí los comentarios sobre los cuentos de Emelda Ramos me dan risa. Y se lo digo a todos: eso no viene de ahora. Lo que yo primero me acuerdo de Emelda Ramos, viene del tiempo en que dormíamos cinco o seis en el cuarto grande y nosotras, qué bárbaras, la dejábamos levantada, parada en el medio, y sólo cuando las grandes ya estábamos acomodadas bajo los mosquiteros, le decíamos: ¡ya, empieza! Y ahí ella rompía a contar cuentos hasta que nos vencía el sueño.* -Y cambiando bruscamente su discurso, prosiguió:

¿No te acuerdas? Ah, pero un día te descubrí Emelda Ramos. Esos cuentos, eran los mismos que abuela Mamá Justa nos contaba, pero tú, con siete años, porque yo no creo que tuvieras ocho, tú sabías cambiarle el principio, o el nudo del medio o el final, ay Santísimo, pero con un encanto...Para que lo sepan: cada uno viene al mundo a algo y tú, viniste a inventar cuentos."

Dicho esto, me dio un abrazo apretadísimo y se fue como había aparecido, dejándome en la nube de una epifanía, investida con el reconocimiento de un oficio inmemorial, el de cuentacuentos y, curiosamente, hasta aliviada del temor que sentía por la oposición del médico a que aún convaleciente de bronquitis, me expusiera al frío otoño neoyorquino.

La perspicacia de aquella hermana de la infancia, que en un monólogo para mí imborrable, rasgó el velo del tiempo, suscitó mis recuerdos y me hizo verme, en una imagen prístina de mí misma, vestida en mi pijamas de algodón estampado en muñequitos, gozando mi vocación; todavía me asombra. Y en cuanto a la artimaña en que me descubrió, para recrear lo cuentos tradicionales, si bien es cierto, elemental y comprobable que inventar es fácil, lo difícil es acertar; repetir es fácil, lo difícil es innovar; puedo hoy anclarme en la afirmación de un teórico como Noé Jitrik: *"Si el cuento que cuenta un contador, se percibe, se aprecia, se estima y es objeto de reconocimiento, por debajo y en filigrana ocurre otra cosa, ocurre lo que llamamos la escritura, un río subterráneo que no puede ignorarse aunque bien puede ser que no se vea"*. De este modo, para saber desde cuándo escribo, he de remitirme a la niña, precoz cuentera, sí, pero en la que ya la escritura, ejercía una irrefrenable fascinación, cuando veía escribir a la tía Aurora, en un cuaderno, los nombres y las cuentas de su colmado, en la casa de la abuela, donde me llevaron a vivir esa temporada. Tanto presioné y le supliqué enseñarme que, fueron las bellas manos con que rezaba el rosario, me cosía vestidos y tocaba la guitarra, las que me guiaron en el trazo de las primeras letras. Asimismo, mi fervor y la celeridad con que dominé el silabeo, construí palabras, uní frases, y aprendí a escribir mi nombre, fue lo que motivó a las maestras de la escuela rural de San José - La Herrera, a transgredir la reglamentación, aceptarme antes de la edad de rigor y llevando el biberón de leche para el recreo.

Para mi pasión por escribir ya no bastaba el papel, pues entonces fue cuando descubrí ciertos árboles y plantas, cuyas hojas permitían ser escritas en su envés, usando palitos o espinas de naranja, y en ese "arte" me perdía por horas a la vigilancia de los mayores, y al estorbo de los menores, entre ellos, mis numerosas primas. Pasados dos años, las maestras visitaron a mis padres para aconsejarles que me llevaran al pueblo, a la escuela modelo de la insigne hostosiana María Josefa Gómez, lo cual supuso una ruptura: el distanciamiento del mágico mundo de mi abuela Justa Bretón Reyes, con su peculiar versión de *Las Mil y Una Noche;* sus radio-novelas cubanas, así como las lecturas en voz alta de *El Mártir del Gólgota, El Judío Errante, Quo Vadis, El Cáliz de Plata, San Francisco* y tantas bellas hagiografías…pero, María Josefa Gómez, se presenta en mi vida con verdaderos perfiles proféticos.

Sólo logré ajustarme al nivel de exigencia (hoy se dice excelencia) de su escuela, porque conté con mi padre, que si bien fue estricto y controlador en grado superlativo, siempre potenció mi autoestima, para muestra de lo cual, memoro su empeño en comprarme, inmediatamente pasaba un grado, el libro de lectura del siguiente, para que, "leyéndolo en vacaciones fuera adelantada"; y me atraviesa la imagen de mamá, repasando siempre conmigo los poemas que recitaría en los actos escolares, mientras planchaba con todo primor mis uniformes.

Desde los primeros cursos, fue sintomático, que mis horas predilectas fueran las de lectura Comprensiva, lectura Expresiva y por supuesto, la Composición, que era odiada por mis compañeras. En el quinto, mi maestra Doña Nené Navarro le mostraba mi cuaderno de composición a la Señorita Gómez, y fue en séptimo donde Josefina de Ovalles le llevó mi *Viaje Imaginario a Italia.* Sentí pavor al oírla decir desde la puerta del aula: *Señorita Ramos, acompáñeme a la dirección.* Y allí, tras someterme al escrutinio que la convenció de que mi texto no era un plagio, en lugar de devolvérmelo, me dio un libro para que lo leyera en casa: *La Buena Tierra* de Pearl S. Buck (1892-1973).

La clarividencia de esta educadora queda de manifiesto en:

- El género: no me dio a leer un poemario, un ensayo o una obra de teatro, sino una novela, supo que sería narradora.
- El autor: escogió a una mujer, que obtuvo un Pulitzer en 1932 y el Premio Nobel en 1938.
- El contexto: como todas sus obras, se desarrolla en Oriente, donde desde niña vivió con sus padres misioneros norteamericanos. Me abrió la puerta a un mundo cuya filosofía ha sido cardinal en mi vida.
- Siguió prestándome todas las obras de Buck y al final, sentía que eso era lo que yo quería ser, una escritora de historias maravillosas, que conmovieran e hicieran feliz al que las leyera.

Pasó mucho tiempo antes de que supiera que la profesora la Srta. Gómez también era escritora, pues había publicado *El*

Niño y Lo que a él le Debemos y otras conferencias y para remate, en recientes investigaciones encontré que ella era muy amiga de Ercilia Pepín, Aurora Tavárez Belliard y de la célebre autora del Ideario Feminista, Abigail Mejía; entonces supe porqué mi admirada madrina de bautizo Angélica Tejada, la llamaba Josefita y a menudo tenía que ir con ella a unas importantes "Juntas". Se trataba de las Juntas de Acción Feminista de la cual era una destacada representante.

Pero volviendo al hilo de lo que intento responder, auxiliándome de estas evocaciones, puedo datar con certeza desde cuándo supe que quería ser escritora: desde que contaba doce años. Aún más, puedo precisar que este ideal tomó cuerpo en mí, a los trece años de edad, cuando otro personaje histórico de mi pueblo, me dio a leer *El Diario de Ana Frank*. Fue la Dra. Fe Violeta Ortega, heroína de la resistencia, compañera de lucha y celda de Las Hermanas Mirabal. Creo que Ana Frank me dejó sembrado, con su trágica vida, un sentimiento de amor a la libertad, a la palabra, y tal vez, ante la fragilidad de la vida, una reafirmación del vitalismo, que dicen me caracteriza, ese pulso de vitalidad que decía Ortega y Gasset, "es propio de cada alma, manantial que luego se deshace en los mil arroyos de nuestro pensar, sentir y querer" , y que sospecho me ha llevado a la búsqueda de lo que creo interesante, bello, sagrado.

Ahora bien, del querer al ser, largo trecho hay que ver. Pues el poder iniciático de la escritura luego la pasión por la lectura, me conducen, en el umbral de la adolescencia, a la íntima convicción de que sólo en la literatura, siendo una escritora, sería feliz. Pero dicen los entendidos que: "Es escritor quien sabe lo que hace mientras lo hace, hasta sus consecuencias". Entonces cabe preguntarse si todos los papeles que emborroné, intentando sin saber, expresar la interpretación del mundo, el sentimiento de la belleza que me rodeaba, y me poseía, a veces hasta sufrir; si en verdad eso, se puede considerar un acto literario. Anhelaba ser una escritora, pero ¿cómo podía serlo? No tenía la menor información de que para serlo, se pudiera estudiar, al menos, no en la ínsula donde nací. Honestamente, no recuerdo si este laberinto me produjo mi primera gran angustia existencial. Si hablo de frustración, estaría elaborando, y la conciencia ética, se impone sobre la capacidad ficcional. Sé que leía frenéticamente todo lo que pudiera y que escribía a escondidas, las eclosiones emocionales propias de la primera juventud; lo cual coincide con la etapa en que el bosque dejó de ser el lugar de juegos, y hacia él escapaba con una novelita rosa, una revista Selecciones de Reader Digest, o un cancionero, directa a una mata de cacao, cuya posición me permitía ver con nitidez, el azulado Cerro de la Cruz, que para entonces creía poco menos que un Himalaya. Y de esos raptos contemplativos sólo me sacaba la voz de mi madre llamándome a la cotidianidad familiar.

A los dieciséis, concluyo en el colegio de las monjas, mi bachillerato, y tengo que irme a la capital, para iniciar los estudios superiores. El año 66, tiempo de la postguerra, con la Universidad Autónoma de Santo Domingo (UASD), en lucha por el medio millón, y yo inmersa en la segunda fractura emocional que supuso el dejar Mi casa de frente al Azul. Mas, por ventura me tocó como maestro de Letras, un ser extraordinario: Bienvenido Díaz Castillo, quien además de mantenernos en permanente lectura, nos instó a crear un boletín, *El B6,* y para él, produje textos, entre los cuales sólo me quedó en la memoria una *Elegía al Cerro de La Cruz,* que ponderó muy bien y pareció más intrigado por otros que calificó de *"prosa poética".* Sin saberlo, como el maestro auténtico, que trabaja para la trascendencia, su impronta en mí se evidencia en el hecho de que al elegir carrera, opté por Educación mención Filosofía y Letras en la Universidad Nacional Pedro Henríquez Ureña, UNPHU, donde por cierto, de entrada conocí a uno de los autores que nos hizo estudiar: Max Henríquez Ureña. La historia de la literatura dominicana la impartía Esthervina Matos, con su propio texto, el cual, me hizo abominar del de Balaguer, que era entonces como la biblia, no por apasionada lealtad a mi maestra, sino porque me comunicaba mayor sustancia y placer por estudiarlo. Fue la primera escritora que conocí, porque a una joven profesora Jeannette Miller, sólo llegué a verla en actos culturales de la UASD, donde escuchaba siempre el comentario: "es poetisa"; en cambio a Esthervina Matos la traté de cerca, visitándola, escuchándola discurrir, lo mismo que ahora estoy haciendo yo, vaciando todo lo acumulado en ese periplo que es nuestra propia búsqueda como escritora. Con igual agrado escuchaba las cátedras de Antonio Fernández Spencer, recién llegado con su premio de España, y allá se iba, dejando el programa de Historia de la Cultura al garete, y casi olíamos el aroma del tabaco y el vino de los poetas tertuliantes, en los cafés de Madrid. Y llegó el año 68, creo que el último semestre, cuando entré una tarde a la clase de Historia de la Literatura Hispanoamericana, y me dijeron los compañeros, muy circunspectos: "te está buscando el profesor". Era Carlos Federico Pérez, (1912-1984), nieto del poeta José Joaquín Pérez, y autor de la novela *Juan, mientras la ciudad crecía.* En efecto, lo encontré buscándome por los pasillos, con el ensayo que recién le había entregado y, al identificarme, se sorprendió y dijo: ¿Tan jovencita y con ese nervio literario? ¿Qué escribes?

Su mirada profunda, negriazul, me penetró y yo, en un susto, le dije bajito: Un diario, cartas imaginarias, poemas en prosa... El, tan suave y gentil siempre, como desconcertado, casi me interrumpió: No deje de hacerlo, y lea, usted es una escritora en potencia -movió la cabeza- ¡Ya es una narradora en agraz!, ¡pero lea!

En el estrecho pasillo balconeado, me sentía Sancha, recibiendo el espaldarazo de El Quijote. Es que, el también autor de *Evolución Poética Dominicana,* no sabía que si algo yo hacía era leer, pues el régimen de internado de la residencia Teresiana donde vivía, lo propiciaba; a la sazón, una de las españolas, María Luisa Ortega, dirigía un grupo de teatro donde llegué a protagonizar papeles principales como Cecilia en La Muralla de Casona y El Diablo en una obra de Lope de Vega. Es cierto que allí mi desaforada pasión lectora también me metió en líos, cuando empecé a leer los existencialistas: Camus, Sartre, Beauvoir, etc. y a la Generación Perdida: John Dos Passos, Hemingway... Me encontraron bajo el colchón la novela de un ateo, y me la confiscaron; pero ahora, esos son recuerdos agridulces que atesoro, como aquel concurso en que gané una colección de obras por escribir un villancico.

Como mi padre me propuso, retorné al hogar y a ejercer de maestra en mi pueblo, sin embargo, tuve que volver a la capital, en el verano del 71, para el entrenamiento del plan de Reforma de la Educación, y de nuevo aparece de manera inopinada, una luz en el hontanar de mi vida, aún expectante de algo indefinible, pero presentido. La Maestra Inés Constanzo me invita a participar en un taller de análisis del cuento que impartiría en la UASD, a un grupo selecto, la experta argentina Aidé Bermejo. La opción implicaba faltar por tres días al entrenamiento, pero no tuve la menor vacilación y desafiando posibles denuncias laborales, deserté del curso oficial y me integré a esta experiencia. Asturias, Quiroga, Cortázar, un día dedicado a cada uno, para trabajar, analizar, comparar la estilística, las técnicas. Fue una orgía de saberes, de descubrimiento estético-didáctico y en lo personal, confieso sin rubor, que fue mi gran descubrimiento de la narrativa latinoamericana. Desde entonces, empecé a emborronar mis cuartillas con otra conciencia, no obstante, para que una vez más se evidencie, lo largo que puede ser el camino a recorrer por una lectora-escritora en búsqueda, diez años después de aquellos hallazgos, en 1981, acontece un hecho singular y decisivo. Mi esposo Francisco, encuentra unos manuscritos en una caja, que mientras yo hacía un curso en París, tiraron por inservible al traspatio. Los lee y decide, en un acto que parecía inesperable, su inmediata entrega a Manuel Mora Serrano, abogado como él, y contertulio; declarando: *Tú nada más escribes y escribes, pero nadie lo sabe; Manolito es un crítico y le publica a muchísima gente desconocida.*

Después comprendí que lo había hecho porque me sabía desolada por la muerte de nuestro recién nacido hijo Armando. Desde luego, escogió tal vez al azar, un sobre, donde se amarillaban algunos textos que databan de la década anterior, pero Mora Serrano no sólo los publicó y comentó sino que me invitó a la tertulia del Grupo Literario del Cibao, al que llegué, como un eslabón suelto, para integrarme con los escritores que cronológicamente me correspondía tener como compañeros: Cayo Claudio Espinal, Rafael Eduardo Castillo, Héctor Amarante, Sally Rodríguez, Pedro Pompeyo, José Enrique García, Pedro Gris, los cuales venían de experiencias y acervos lectores muy diferentes a los míos.

Me aproximo a ese claro del bosque en que, lo veo meridianamente: el contexto donde naces, sumado al desarrollo de tu sensibilidad, te hace escritora en una u otra generación. La mía resultó ser la ochentista, pues fue la década en que tomando opciones, muchas veces riesgosas, emergí a la literatura. Tiempos duros aquellos en que yo, una profesora de pueblo, casada con un abogado, dos hijas pequeñas, los dejaba (bajo el halo protector de mi madre), siguiendo una vocación, un llamado al que respondía casi instintivamente al arte y a la literatura: el proceso de autoconstrucción, de autopoiesis. En el '82, conocí a Chiqui Vicioso, en el taller que impartía Pedro Mir en Casa de Teatro y de ese lance estético-didáctico, escribimos años después en coautoría, una obra, y además de la fraterna amistad que nos ha unido desde entonces, fue ella quien a su vez me orilló a las creadoras, cuyo concierto de voces constituyen lo que el reconocido crítico, polígrafo y Académico de la Lengua, Bruno Rosario Candelier clasifica como: El Boom femenino en la literatura dominicana: Sabrina Román, Carmen Imbert, Miriam Ventura, Marianela Medrano, Yrene Santos, Carmen Sánchez, Ángela Hernández, Aurora Arias, Ylonka N. Perdomo.

En 1983, obtuve el premio de narrativa del concurso del Ateneo Minerva Mirabal, y el presidente del jurado, el narrador Virgilio Díaz Grullón, declaró mi obra *El despojo o por los trillos de la leyenda*, "una novela fascinante". Por su recomendación, Editora Taller la publicó y su puesta en circulación fue presidida por Juan Bosch, quien expresó en varios contextos: *"Este país es una caja de sorpresas. Figúrese, una muchacha, por allá, por el Cibao, que vive en un campo de Salcedo, escribe una novela para recoger sus tradiciones culturales y hacer nada más y nada menos que, eso que planteaba Pedro Henríquez Ureña, rescatar la variante del español. ¿No es maravilloso?"*

Esto es más o menos, lo que he podido fijar en mis recuerdos, de lo que me refirieron distintas personas y de distintas formas, pero lo que el tiempo no puede desfigurarme es el respeto y el afecto que desde entonces Bosch me manifestó, lo cual en nuestro país, era casi impensable que un intelectual o un gran escritor le demostrara públicamente a una escritora bisoña, provinciana, con un solo título en su haber.

En 1985, participé en el Congreso de escritoras de la Universidad del Estado de Wichita y mi ponencia *Hacia una narrativa femenina en la literatura dominicana*, fue publicada en su antología, por considerarla pionera en la presentación en Estados Unidos, de una autora tan importante como Hilma Contreras. La estudiosa de la literatura dominicana, Daisy Cocco de Filippis lo antologó traducido al inglés en su colección de ensayos escritos por mujeres dominicanas: Documents of Dissidence (2000), cuando ya la colaboración, entre nosotras le había abierto a mi modesto trabajo espacios insospechados.

Por esto, cuando he dicho que fue en Estados Unidos donde por primera vez me sentí tratada como una escritora, me estoy refiriendo a la acogida en su casa, a la participación en su tertulia de escritoras, a las lecturas de mis textos en reputados centros académicos: York College, Centro King Juan Carlos I, City College, Boricua College, Hostos Community College, etc.

Tengo que consignar que el Encuentro de Wichita, supuso un darme cuenta de que no conocía ni exhaustiva ni profundamente lo que escribían mis congéneres escritoras, por lo que, adoptando la consigna "Leámonos las unas a las otras", asumí el personal compromiso de participar en todos los escenarios donde fuera posible compartir mis hallazgos, y en esta suerte de cruzada de motivación a la lectura de los textos desde la perspectiva femenina, obtuve la íntima satisfacción de que podía ensayar el ensayo. Arribaba así, a la definición que antes esgrimía: "Una escritora es la que sabe lo que hace mientras lo hace, hasta sus consecuencias". Cuando martillaba tanto en aspectos como las constantes temáticas, el tratamiento, la textura del lenguaje, en la literatura femenina, sabía que muchos torcían el gesto, no me daba a entender todo lo que esperaba, y hubo malentendidos, y en ese tenor, mis intentos ensayísticos, casi como de encargo, restaron tiempo a mis ficciones, y es el motivo por el cual, hasta el 98, vuelvo a publicar un volumen que en verdad, contiene dos libros: *De Oro, Botijas y Amor*. Esta colección de historias, me ha ganado innúmeros lectores, y me enteré en la WEB, que fue el libro de cuentos más vendido, según lista de ventas de los libreros, al punto que, agotadas sus dos ediciones, tuve que a publicar una selección: Ocho Cuentos de Oro. Sobre todo, entre las alegrías que me ha aportado hay una muy especial:

fue escogido por la Fundación Nacional de Ciegos para ser traducido al idioma Braille y saber que los dos tomos están en el acervo de las bibliotecas para invidentes de Madrid, México, Boston, me produce un estremecimiento indescriptible. Y no puedo dejar de hacer mención de que ha sido analizado en un seminario de literatura caribeña, en la Universidad de Oriente, Cumaná, Venezuela y dentro de la producción textual, se destacó el denso ensayo de Carmen Blanco, académica que no conozco, con el título: *Configuración del tiempo en De Oro, Botijas y Amor de Emelda Ramos*, del cual dio a conocer un extracto, la revista literaria dominicana, *Mythos*.

Diccionarios de la literatura dominicana me incluyen y diversas antologías, como *Onde, Farfalla e Aroma di Cafeé, Storie di donne dominicane*, donde aparece el cuento Areyto traducido al italiano, poco a poco te van convenciendo de que eres una escritora dominicana, y luego, Letra Negra, una editorial centroamericana, me publica mi *Antología de Cuentistas Dominicanas*, con un prólogo: *Cuentistas Dominicanas del Siglo XX: la construcción de un espacio narrativo propio*, con lo cual sentí que modesta pero seriamente había contribuido a dar a conocer las voces de mis colegas, por tanto sí, puedo considerarme una escritora, pero ¿qué escritora? En la mayoría de estas compilaciones me registran como autora de leyendas y narraciones campesinas o folklóricas. Fue entonces cuando, para liberarme de esa etiqueta, reuní narraciones de varias décadas: *Nueva York, mi primer octubre*, de los 70; *Escalera de Fuego*, de los 80; *El túnel de los 27*, de los 90; y *Alada*, del 2000. Su unidad radica en que todos tienen un contexto urbano, en el cual había tenido que residir o interactuar, por determinadas circunstancias de mi devenir, abrumada siempre con el lastre del temor que todo campesino carga a la ciudad, pero en igual medida deslumbrada por sus misterios.

De modo que situada en la cuestión más difícil de responder, porque las anteriores: desde cuándo escribo, cómo supe que deseaba ser escritora, y cuando me di cuenta que lo era, son interrogantes que atañen a la categoría tiempo y, el tiempo es el ámbito en que, narradora al fin, estoy más confortable, pues se trata de historiar unos hechos, revisar testimonios, reseñar el encuentro con personajes que han ido marcando los hitos clarificadores del sendero de autoconocimiento, de la escritora que soy, y en eso me asiste mi buen amigo el dios Cronos. Pero cuando se trata de adentrarme hasta el claro del bosque, donde se visualice el porqué, de un acto tan subjetivo, tan inaprensible, ambiguo, elusivo, como el acto literario…, es cuando llegamos a la máxima dificultad. Posiblemente, porque vamos abordando y resolviendo de manera diferente, en cada etapa, después de cada experiencia, a todo lo ancho y lo largo de la vida, esta cuestión.

Solía decir que escribo porque la realidad me interpela y asumo responderle de la única y personal forma en que puedo, siento y sé. Bueno, en el caso de mi libro *Angelario Urbano*, me sentí señalada, reducida a escritora de leyendas folklóricas y respondí con textos de personajes y vivencias citadinas; pero ya estaban escritos mucho antes y por otro costado, nada tiene en común con el discurso ni la estructura de mi siguiente libro de relatos *Los Oficios y Placeres de Miralvalle*.

Extrañamente, siendo el acto literario un recóndito acto de libertad, el querer llegar a su porqué, en vez de permitirme avistar el claro del bosque, parece enmarañarlo, espesarlo, oscurecerlo. Empero, no en vano fue Heráclito el Oscuro quien dijo: "Si no esperamos lo inesperado no lo reconoceremos cuando llegue". Y eso, lo inesperado, bien puede ser el impulso interior, apremiante, que genera cierto vacío, que sólo pude resolverse en la generación de una energía espiritual: la escritura creadora. Esta explicación me parecía sencilla, orgánica, entendible, cada vez que la expresaba. Pero ahora me luce un tanto demasiado hecha y para no desdecirme, mejor debiera matizarla o dimensionarla a costa de lo que piensan otros referentes más sugestivos cuanto más conspicuos: Gabriel García Márquez, quien declara: *"Escribo para que me quieran";* o Julián Marías: "Porque la literatura es el único medio de proyección personal del hombre". Y con ello alude a la proyección hacia el otro, el lector, a quien busca todo escritor o escritora.

De modo que, en un ejercicio de auténtica humildad, tendría que admitir que escribo por la necesidad humana de ser valorada o para dejar en mis historias un retazo de lo que soy y de lo que desearía ser, pues al fin y al cabo, hay pensadores como Unamuno que afirman: "lo que desearíamos es lo que verdaderamente somos". O bien me aventuro a plantear que, en la búsqueda del conocimiento, de la identidad, de saber lo que somos, que es común a todas las escritoras, llámense Virginia Elena Ortea, Virginia Peña de Bordas, Virginia Sampeur o Virginia Woolf, quizás buscamos encontrarlo, a través de las historias que fabulamos, al reencarnarnos en otras vidas, en las vidas de los personajes que creamos.

O las escritoras en general, somos seres con una sensibilidad tan en carne viva, con unas antenas tan alertas al mundo que nos circunda, que sufrimos un constante proceso de expansión y a través de la escritura, el opuesto, el de contracción, hasta llegar a realizarnos en micro mundos.

Finalmente, debo referirme, a la postrer interrogante: como escritora, los problemas que tengo que enfrentar, pluma en ristre, o más bien, índice en ratón (mouse), deberían ser los mismos que tienen que vencer las demás colegas; pero una vez más, reitero, lo determina el contexto en que nací, y en el que aún vivo. Las hijas crecieron, se formaron, son profesionales, seres excepcionales que han colmado bellamente mi existencia. Pero los llamados "hijos de la fantasía", los proyectos literarios, concluidos unos, en revisión otros, y germinando algunos más, a ellos, a su realización, los problematiza la perpetua batalla cotidiana, el tiempo material en que discurre el mundo personal y sus tareas, propias del mero oficio de vivir. Si bien desde 1983 trabajo en la Universidad Católica Nordestana (UCNE), de San Francisco de Macorís, tras la muerte de mi padre estoy al frente del patrimonio que con tanto esfuerzo y amor él y mamá nos legaran; de los hermanos soy la única que no emigró, y por obligación, amor y deber para con las fértiles y hermosas tierras ancestrales, desde el 2005 cuido de ellas. Así es que mi día comienza a las seis de la mañana cuando, tras la primera meditación, tengo que preparar y tomar el café con los trabajadores y luego planear y disponer su desayuno y almuerzo con Ramona, nuestra cocinera desde hace años. Sólo entonces puedo volver a la página; pero no bien escribo, leo o consulto para lo que estoy redactando, debo prepararme para

viajar unos 25 km. al campus de la UCNE, donde me espera
una agenda de compromisos académicos que puede prolongarse
hasta el atardecer, en que regreso a mi Casa de Frente al Azul,
anhelando el espacio creador donde es posible el apasionante, e
inesperado encuentro con lo inesperado.

Inesperadamente, vislumbro agradecida que este diálogo
donde he pretendido compartir mis candorosos inicios, mis
dubitaciones, hallazgos y expectativas de escritora, irá a la
carpeta de los proyectos que me esperan, pues bien puede
considerarse el sketch a desarrollar de mis memorias. Amén.

Referencias bibliográficas

* Fuertes Gloria. *Aldea Poética*. Madrid: Editorial Opera Prima, 1997.

*Martín Gaite, Carmen. *El Cuento de nunca acabar*. Madrid: Editorial Trieste, 1983.

*Buck, Pearl S. *Obras Completas*. Barcelona: Plaza y Janés, 1961

*Matos Esthervina. *Estudios de Literatura Dominicana*. Ciudad Trujillo, 1955.

*Pérez, Carlos Federico. *Evolución Poética Dominicana*. Buenos Aires: Editorial Poblet, 1956.

*Cocco de Filippis, Daisy. *Dominican women essay, Documents of Dissidence*. 2000.

Jael Uribe Medina

Es una escritora nacida en Santo Domingo en 1975. Ha colaborado con varias revistas tanto impresas como digitales, eventos culturales y programas de radio en diferentes países Latinoamericanos. Egresada en Artes Publicitarias de la Universidad Autónoma de Santo Domingo (UASD). Realizó estudios avanzados de literatura infantil en el Children Literature's Institute de Connecticut, USA. Ha participado en antologías poéticas a nivel nacional e internacional. Es creadora del grupo virtual **Mujeres Poetas Internacional,** además de ser Moderadora, y coordinadora activa del **Grupo Espiritual TUBETH2000.** Su influencia místico-espiritual queda definida en su obra y artes.

VI. Grito Callado

Jael Uribe

Mi padre sin darse cuenta creó las bases de lo que más adelante sería mi carrera sin freno hacia la creatividad artística y literaria. Mi casa siempre estuvo llena de "tíos" poetas, cantautores, revolucionarios y un montón de patriotas talentosos que en la clandestinidad de nuestra salas mitigaban sus sueños de libertad a punta de poesía, cantos de protesta y guitarras afinadas. Mi padre me subía en sus hombros y me llevaba a todas partes, desde giras poéticas hasta películas de Caamaño y otros patriotas de Latinoamérica. Desde siempre cultivó insistentemente mi amor por los libros, tesoro que en mi casa valía más que nuestra mayor posesión. Crecí entre poemas de patria, en el recuerdo de un Sandino y los libros prohibidos de Marx. *"El arte no dará de comer a tus hijos"* recuerdo que me dijo mi padre una vez, sin embargo alimentó mi amor por el dibujo, la pintura, la cultura y sin darse cuenta mi amor por las letras. Me escribía poemas y acrósticos que aún conservo, y también me apropié de todas las cartas de amor que le escribió a mi mamá. Creo que de alguna forma, mi padre jamás pensó que una niña tan pequeña realmente pudiera prestar atención a todo aquel ambiente.

Crecí con sentido de patria, con una voz fuerte, con mucha convicción de valores que parecen hoy difuntos. Quería escribir como García Márquez, como Vargas Llosa, primeros libros de adultos que llegaron a mis manos y que me despertaron a un mundo onírico en el que podía escaparme largas horas sin comer ni beber. En mi infancia me dediqué a leer, y a los nueve años mi padre hizo énfasis en mi ortografía y caligrafía, por lo que debía escribir, reescribir y repetir textos hasta crear el hábito. Como conjuro de las musas, tras mi empeño, las imágenes vinieron a mí. En lugar de repetir por eternidades frases sin sentido, empecé a crear figuras propias, usando como base mis propios pensamientos y mí sentir. Casi al final de mis diez años, empecé a escribir.

Diez años parecen pocos, para una niña que en lugar de retozar con las muñecas y correr por los patios bajo un aguacero, mantenía zambullía la nariz entre los libros, hasta olvidarse a veces de su propia humanidad. Escribiendo pensamientos que se hicieron versos en la parte de atrás de las páginas rayadas de su cuaderno escolar (como empezamos muchas) hasta en el diario en sepia que intercambiamos de lugar en lugar, para salvaguardarlo del ojo avizor de nuestras curiosas madres. Escribiendo contra el espejo, en un lenguaje en clave, o escribiendo cartitas de amor a destinatarios invisibles.

Así empecé yo, como empezamos muchas. Inspirada en principio por amoríos ajenos, por los poemas de Neruda que releía y reescribía hasta quemarlos en mis bellos y respirarlos por los poros. Luego, entre los libros polvorientos de mi padre descubrí el poemario de una mujer que marcó mi Norte. Un librito rojo de muchas páginas y pocas letras que contenía lo que para mi fueron los versos más significativos de mi vida y que dieron un sentido al por qué escribía. La poeta, Rosario Murillo. El libro *"Amar es combatir"*. Justo la combinación de toda mi crianza y mis valores combinados en un poemario que parecía haber sido escrito con mis dudas, mis lágrimas, mis ganas de amar y de vivir. A hurtadillas desaparecí el librito rojo de la colección de mi padre, y aunque no supe quién era la escritora sino hasta años después, tomé aquellos versos combatientes y le di una causa a mis batallas silentes. Los amé, los hice míos con una pasión desconocida, porque avivaron en mí el orgullo de ser escritora, pero sobre todo, el orgullo de ser mujer. Nos convertimos en uña, carne y mugre. Sus versos fueron mi amor primero, a pesar de haber empezado a trabajar con la rima y los autores clásicos desde la juventud, inspirada por las clases de literatura de la escuela y mis profesores de Lengua Española quienes con sus felicitaciones a mis escritos le echaron más leña al fuego, abasteciendo mi creatividad con las herramientas correctas. Nunca pensé en las letras como medio de fama, ni en espera de reconocimiento, de hecho nunca escribí para nadie que no fuera para mí. Era egoísta, celosa de mis líneas, sobre todo porque todo mi mundo, mis partes recónditas, y la esencia de lo que yo era habitaba allí.

Para cuando entré a la Universidad Autónoma de Santo Domingo (UASD) en el 1992, yo ya contaba con una enorme colección de hojas, recortes, cuadernos, y manuscritos que sobrepasaban mi capacidad de almacenamiento. Fue entonces cuando mis mejores amigos me dijeron que debía hacer un libro con eso, y dedicarme de lleno a escribir. Siempre pensé que estaban dementes, porque escribir tenía un significado diferente, era un sello personal, un tatuaje en un lugar del alma que no podía mostrar a nadie más.

Empecé mi carrera en las artes, estudiando publicidad, por lo que mis escritos pasaron a segundo plano por falta de tiempo, pero aun así, mi capacidad de escribir 5 y 6 poemas al día, de soltar una historia para empezar otra, y otra más, se subyugó a un poema por día y quizá alguna que otra historia cada cierto mes. Mi hábito no murió, sólo se redujo y de alguna manera, me volvió más organizada, empecé a tomar notas de las ideas y a sentarme a producir directamente lo que antes fluía al azar sin pensar en nada. Mientras yo maduraba, mis escritos forjaron su propia voz, adquiriendo una fuerza que luego al releerlos, a mi misma me sorprendió. Era capaz de escribir y describir tantas cosas, sin embargo mermó mi capacidad de expresión, convirtiéndome en una persona retraída y ermitaña, que se complacía más en escribir lo que quería decir, olvidando el placer de la conversación. Creé una voz en las letras, perdiendo el habla.

Ingresé a la adultez de forma seria y mucho de mi forma de escribir cambió, sobre todo porque los problemas propios de familia y relaciones empezaron en el momento mismo en que dejé de comunicar para volcar en la tinta lo que quería y no me atrevía a decir. El aislamiento dio paso a una escritora nueva, así como a una nueva mujer, más reservada, menos crédula y con muchas más ganas de escribir que antes. Fue entonces cuando me dije que quería escribir para compartir, e ingresé al *Children's Literature Institute,* una escuela de literatura para niños y adolescentes que enseña en un curso avanzado de cómo escribir para un público de menor edad. Pese a que quería escribir para adultos, sabía que la literatura era universal y que solo cambiaban los personajes, por ende, por algo debía empezar.

Sufrí mucho durante esa etapa de crecimiento, porque me topé de golpe con el monstruo de la soledad que mis propias letras habían creado, y que de pronto me empezó a espantar. Con pocos amigos, con una madurez más allá de mi edad, con una rebeldía intrínseca que se negaba a ser domada por ninguna ideología ajena a mi pensar, y rodeada de incomprensión ante la ignorancia de mis seres queridos, empezó una batalla interna que más adelante definiría la persona que hoy soy.

Mis letras fueron bálsamo anestésico ante la indiferencia, el abrazo cálido que nunca recibí. La confusión entre el yo de mi esencia, una juventud aleatoria de caminos bifurcados sin señalización y la insistencia de las voces de la razón que pregonaban incesantes "…deberías hacer esto y lo otro…", me arrastraron con más ahínco aún a las letras, despeñándome por los caminos de la tinta, y embadurnando de negro mi color.

Entonces ¡escribí para gritar! ¡Gritar! Ante las injusticias de la agónica soledad compartida, ante las causas ahogadas en desidia, gritar ante el bullicio de una multitud ensordecida que ignoraba mi llanto y la voz que clamaba ayuda desde las tinieblas de mi rincón. Grité para vaciar el alma de tanta M… maldad. Grité tan fuerte sobre el tintero, pero mis palabras fueron soplido arrastrado por el bólido silencio, sin importar qué tan agudos fueran sus ecos refulgentes; se perdieron en el vacío, nadie las quiso escuchar.

Escribí para llorar, porque mi llanto se expresaba mejor desde la tinta que a través de mis labios o mis ojos, porque la migraña atravesaba mis pupilas cuando afloró una lágrima, dejándome una noche de resacas y malos recuerdos que se esfumaban en la cúspide del lapicero. Escribí por la esperanza de elevar un grito callado que retoñaba en mi pecho y moría entre mis hojas partidas. Para librar batallas silentes, espantar fantasmas, derribar las puertas clausuradas, despertar a personas que se hacían las sordas y a las otras, que se hacían las dormidas.

Ya graduada con muchas ganas de escribir, porque era la única manera ser yo misma, dio inicio el final de mi guerra interna. Me di de frente con una espiritualidad que me urgía explorar, y que de alguna forma, había logrado encaminar mis demonios al infierno y mis Ángeles a la gloria poniendo cada cosa en su justo lugar. Se aplacaron algunas aguas rebeldes que rebosaban mis playas y se levantaron los ríos de tinta que dieron origen a mi verdadera voz. Cuando se hizo la paz, pude hallar la forma de equilibrar mis palabras con mis letras, y la urgencia de compartir mis experiencias de vida a una humanidad ávida de vivencias se hizo mayor; enfoqué la ira y la frustración hacia causas reales, y la negatividad que me rodeó tanto tiempo mutó en escritos de mayor calidad cuya fuerza se hizo evidente. Pero cuando quise dar los pasos para volver al camino de las letras, casi me sorprende la muerte.

Me vi postrada en una cama de hospital con comienzo de cáncer luego de haber pasado dos años de agónico dolor sin poder caminar, y sin encontrar el origen de aquella dolencia que me robó la alegría, las ganas de vivir y pudiera decir que hasta la esencia de lo que yo era. De médico en médico sin que ninguno me pudiera ayudar, casi en bancarrota, nueva vez sobrecogida por la frustración y golpeada por la vida duramente y sus circunstancias. Perdí todo por lo que había soñado, todo por lo que había luchado, y todo lo que había conseguido. Me sentía que todo lo que me rodeaba era el dolor de las pérdidas y el dolor físico que no me dio tregua un solo instante, para al menos tener un respiro de esperanza y escribir para olvidar mi situación. El sufrimiento insoportable me robó mis letras, y me sumergí en el más hondo estado de depresión.

Grité y grité entonces en lugar de escribir. Grité sobre el eco del canto, en espera que sus melódicas tonadas endulzaran a algún corazón que me acompañara a cantar a dúo la canción del dolor. Para que no se perdiera en el vacío mi voz haciéndome sentir por instantes que ya había muerto, que ya no existía y que aún así, a pesar de mí, para otros continuaba la vida.

Antes escribía como forma de vida y luego, cuando se me puso todo negro, cuando el mundo se me venía encima cerrando sobre mí la boca contundente de un laberinto abismal, intentaba sacar mi pluma, escribía para olvidarme a mí misma, para callar la pena, para no sentir. Escribía para no morir.

Debía dejar mi huella, tenía que hacer mucho ruido en este mundo antes de partir, me negaba a irme. Así que batallé al dolor con mi pluma y cuaderno, a poesía pura, hasta que un médico valiente me arrancó de las garras de la muerte y trajo de regreso a una mujer que ya no era yo, sino un cuarto de mí. Renacida de las cenizas, pero con las marcas indelebles de un corazón roto, sin pertenencias y con una voz pendida del hilo flojo de un llanto amargo que se anidó dentro de mí y que nadie podía oír.

Como debía estar en reposo, los lazos con mi computador se estrecharon y en mi afán de no rendirme puse de manifiesto mis conocimientos publicitarios aplicados a lo tecnológico en combinación con mi arte para hacer dos de las cosas que mejor sabía hacer: Sobrevivir y escribir. Me topé de frente con la plataforma Blogger y las redes sociales que significaron un paso de avance enorme para atreverme a compartir mis escritos. Sentía que por fin había encontrado un lugar donde lanzar este grito y grité. Y se llenaron las angustias de soles, y las personas empezaron a oír, y me llovió el apoyo de los mutilados, de los poetas por venir, de las mentalidades ancianas, y hasta de los sordos que no querían oír.

Encontré gente maravillosa relacionada al arte, a la literatura por lo que me involucré virtualmente con eventos literarios y organizaciones tanto dentro como fuera de mi país. Entre ellas El Movimiento Poetas del Mundo, la Red Mundial de Escritores en Español, Red Mundial de escritores por la Tierra, el Círculo de Escritoras Dominicanas "Aída Cartagena Portalatín", Los Talleres Literarios del Ministerio de Cultura en Santo Domingo, entre otros muchos. Colaboro con diversas revistas, programas de radio en diferentes países y donde quiera que pueda compartir lo que soy y lo que me mueve por dentro.

Animada por los comentarios y visitas a mis páginas y enlaces poéticos, me fortalecí y encausé mis letras a otras latitudes y por otros rumbos. Entre ellos, mi amor por la espiritualidad, el medio ambiente y las causas a favor de la mujer. He sido moderadora desde hace 8 años del **Grupo Espiritual Tubeth2000** que funciona en la red como apoyo en el fortalecimiento del individuo mediante el trabajo espiritual arduo como forma de mejorarse a si mismo y por ende ser un ente más útil a la humanidad. Tubeth2000 cuenta con alrededor de 3 mil miembros de diferentes países en sus distintas redes sociales y grupos. En el 2009 inicié el **Movimiento Mujeres Poetas internacional (MPI),** como un humilde homenaje de esta servidora a la mujer que lucha, cae, se levanta y continúa, siendo artífice de miles roles y que aún a pesar eso, logra dedicar un momento a sublimizar su arduo día a día escribiendo poesía y como si fuera poco, destacarse. Mujeres Poetas Internacional, es el resultado de mi propia lucha, y el legado tangible de la supervivencia de muchas, que como yo, hoy nos levantamos para unir nuestras voces y juntas poder gritar con más fuerza.

Mis nuevos sueños me animaron a seguir mostrando mis letras, a participar en concursos, encuentros y a intercambiar impresiones con la gente. Logré al fin el anhelado equilibrio entre los instantes de soledad creativa y el compartir con los demás. He aprendido y sigo aprendiendo mucho de los poetas y amigos intelectuales dominicanos y de otros países que me encuentro en el trayecto cuyo apoyo ha influenciado positivamente mi carrera literaria que apenas ha comenzado a hacerse interesante, y que ha sido un respiro de alivio sobre las vicisitudes, levantando mi moral y mi respeto hacia mis propias las letras.

¡Hasta hoy he gritado al viento!

Hasta hoy que cerré mis ojos y acallé mi mente, que me cubrió un resplandor de gozo alucinante resarciendo una a una mis sonrisas hurtadas por el llanto, sanando las tormentas heridas, hilvanando los tajos desgarrados de mis vísceras a la intemperie de los tiempos muertos, bañándome del velo sutil de la indiferencia, devolviéndole el color rosa a mis mejillas apagadas. Hoy, en este instante, puedo decir que mis letras fueron renacidas, que comencé a escribir verdaderamente cuando empecé a creer en la capacidad de mis palabras. Cuando corrió amor por los rincones de mi estancia y se hizo la luz en mí. Desde entonces ya no grito sola, ya no grito más:

Callo y me dejo fluir.

Karina Rieke

Poeta, pintora y periodista. Editora del Periódico Literario "Palimpsesto". Tiene una Maestría en "Literatura Creativa" de City College, CUNY, 2010. Un B.A. in Fine Arts de City College, CUNY, 2001. Graduada de Periodismo del IDP-Digital en la Cuidad de New York, 2005. Publicó: "Semejanza de lo Eterno" Editora Buho, 2003. "Mitología Del Instante" editora Isla Negra, 2009. "Ontología de la Palabra" 2011. Ha sido antologada en los siguientes libros: "Metapoesía de Mi" 2003, "Voces Metapoéticas" 2004, "Voces de Ultramar" 2005, "Mujeres de Palabras", Cayena Publication, 2010, y en el "Directorio de Escritores Dominicanos en los Estados Unidos" 2005. "Vino y Rosas", 2010. Es además la creadora del Taller literario de mujeres escritoras "Camila Enríquez Ureña". Fundadora y CEO de la Fundación Dominicana Culturarte de New York, y del "Anacaona Dominican Theater". Productora y presentadora de "Karina Rieke en New York" Programa de televisión de promoción turístico-cultural con el formato exclusivo de entrevistas y reportajes, con el concepto claro de promover lo mejor de lo nuestro. Fue la co-creadora y editora del Suplemento Cultural "Arte y Cultura" del Periódico "La República, 2001

VII. El amor es poesía

Karina Rieke

Desde que era una niña desarrollé un gran amor por la lectura, sin discriminar, leí todo lo que pude con excepción de las revistas cómicas, que nunca me gustaron. Desde novelas, poesía y manifiestos políticos los quería leer todos. Para ser justa creo que fui extremadamente influenciada por mi madre, quien eternamente fue una leal lectora. Ella inició dándome las novelas de Gabriel García Márquez. De casi todas las lecturas hacíamos un taller entre ambas, es decir, leíamos con la conciencia de la discusión sobre nuestras diferentes interpretaciones. Los clásicos como El Inca, Garcilaso de la Vega o las Crónicas de Bernal Díaz del Castillo, fueron lecturas donde las discusiones terminaban con el dilema de si eran relatos históricos o libros creativos, no recuerdo si nos pusimos de acuerdo. Los poemas de Sor Juana Inés de la Cruz desde muy niña ya eran de mi gusto, ya que en sus poemas apreciaba la presencia de sus demandas que se mantienen reales y vigentes aun en nuestros tiempos. Federico García Lorca, "Poetas en New York" y ese entremezclarse entre la ciudad y el poeta, un relato desgarrador. Cesar Vallejo y la disyuntiva entre su Dios y el Dios de todos. Del poeta Pablo Neruda siempre disfruté más *Residencia en la Tierra que 20 Poemas de Amor y una Canción Desesperada.* Jorge Luis Borges, Rubén Darío, Jorge Isaac, Domingo Faustino Sarmiento fueron escritores que formaron parte de mi formación y desarrollo de adolescente.

Todos mis amigos eran personas adultas a quienes les gustaba mucho la lectura y todos siempre me daban libros y novelas a leer. Me interesé mucho por los escritos de Octavio Paz, particularmente El arco y la lira cuando él dice: la palabra es instrumento del pensamiento abstracto. José Martí y La niña de

Guatemala, es la expresión última de amor por la vida. Horacio Quiroga por otro lado me presentó esa fibra indiferente al sufrimiento del ser humano de una forma espectacular, entre otros escritores más.

A los 15 años formé parte de grupos teatrales y políticos. Es cuando comienzo a leer obras de teatro, monólogos como también manifiestos políticos, novelas políticas, ensayos críticos y periódicos. "El animador" es una obra en un acto del autor Venezolano Rodolfo Santana la cual fortaleció totalmente mi crítica de cómo los medios de comunicación influencian y manipulan totalmente el modo de pensar de las comunidades de formas positivas o negativas.

Por la misma naturaleza de mis actividades, todas las lecturas fueron estudios de repasos, talleres de asimilaciones. Siempre existió el análisis en cada libro, el estudio de lo que leía. La lectura se convirtió en una fijación interesante en mi desarrollo como adolescente. Recuerdo cuando estaba en la secundaria ya viviendo en New York, me escapaba de mis clases para irme al baño a leer, fui intensamente feliz haciéndolo, aunque me atrasó académicamente y también me desligó totalmente de mis contemporáneos, lo cual hizo de mi vida en la secundaria un mundo muy desolado. Entendí que no tenía nada en común con ellos, que ya mi universo era otro.

Nunca pensé ser escritora, mis sueños eran ser caricaturista, el dibujo y la pintura eran mis talentos. A los 15 años mi mamá me invita a tomar un curso de periodismo con Felipe Collado. Tomo el curso sin pretensiones, aunque debo confesar que los comentarios positivos a mis trabajos hicieron crear en mí la posibilidad, y claro, un novio que me daba a leer todos los poemas del mundo, especialmente los poetas dominicanos como Mateo Morrison con su libro *Aniversario del Dolor;* Tomás Castro Burdiez, quien introduce en mi la escritura sensual y erótica con su libro *Amor a Quemaropa* particularmente el poema "Concierto a puertas cerradas"; Pedro Mir, Manuel del Cabral, entre algunos otros. En ese mismo tiempo conocí al joven poeta Carlos Rodríguez, con quien compartí muchos momentos de silencios, el poeta siempre estaba callado, leyendo y si hablaba lo hacía para leer sus poemas. Me gustaba mucho compartir sus espacios y me intrigaba ese amor por la escritura. Mi novio, quien era mucho mayor que yo, me expuso a esa vida intelectual donde la escritura era algo palpable y en movimiento, ya que no solo disfrutaba los libros o los poemas que él me daba a leer sino también lo que él escribía para mí, preciosos poemas como este que aún recuerdo…

me paro, me siento,
camino entre tu aliento
de mañana fresca,
suspiro, inhalación naciente
de aire fresco inspirativo,
que me lleva hasta lo más hondo
y eres tú mi esperanza
la esperanza
de todo un pueblo.

El hecho de que él escribiera poemas dedicados a mí, cambió plenamente mi enfoque en la vida y de las cosas a mi alrededor.

Es precisamente en ese momento que la escritura deja de ser para mí un asunto inalcanzable y entendí que la literatura no está solo en libros, sino en la disciplina de cualquiera que se disponga a escribir.

Recuerdo que ese mismo novio me regaló un diario, de esos que venden con una llave. Comienzo a escribir todo lo que me pasaba en cada día. Después de un tiempo, mi novio me sugiere que escriba en forma de poemas, me imagino para que mi mamá no leyera todas las travesuras que hacía con él. Así lo hice. Aprendí a expresar mi vida y mis cosas cotidianas con imágenes, y a los 17 años comienzo a escribir mis cosas íntimas en forma de poesía. La literatura dejó de ser algo ajeno para convertirse en algo muy íntimo, muy real, y mejor aún, muy mío. La escritura se convierte en un desahogo necesario para respirar y a veces no puedo imaginarme cómo los jóvenes pueden atravesar por los conflictos de una adolescencia sin el alivio de escribir sus penas. Siempre he creído que todos los complejos de las sociedades se manifiestan en proporciones gigantescas en esa etapa. La pobreza, los prejuicios de clase, los prejuicios de color, las miserias humanas salen a flote con todas las justificaciones que el amor maternal y familiar permiten. En mi caso particular se manifestaron todas las mencionadas anteriormente. Lamentablemente, la escuela no representó el escape que yo necesitaba, como le sucedió a muchos de los compañeros de clase. Yo era muy pobre, y eso dificultó mi interacción en la escuela y con los estudiantes, pues no tenía los medios para competir con las chicas de mi edad, las cuales estaban al día con las modas y las marcas de ropa. Cada tres años pintaba mis botas, no para que aparentaran un poco menos viejas, sino para taparles los baches. Trabajaba en una tienda de videos hasta las 12 de la noche, lo cual no me dejaba energía ni tiempo para estudiar, afectando mi nivel académico. Mi novio, a pesar de ser una gran influencia intelectual y cultural para mí, era la causa de muchos enfrentamientos en la casa. No era el más rico que toda madre quiere para su bella hija, ni el más lindo ni el más blanco ni el más joven. Muchas cosas difíciles que supongo yo no podía entender, las cuales me imagino siempre han sido muy comunes en una sociedad que promueve la desintegración familiar con falsos conceptos de amor. La literatura viene a salvarme, convirtiéndose en un arma de desahogo que me permite respirar, y escribir mis amarguras. Las amarguras de los adolescentes son dolores reales que pocos quieren escuchar, o a pocos les interesa escuchar, o pocos saben escuchar. Además, es mucho peor hablar de la familia porque la gente no lo ve como un desahogo necesario y auténtico, lo ven como algo de mal gusto, la familia es sagrada y se respeta. Las chicas no queremos ser malas hijas y por eso era más fácil escribir. Mis páginas se convirtieron en ese espacio de aceptación, tranquilidad y valentía que fortalece el alma para enfrentar las tristezas cotidianas.

Cuando llego a la universidad decido estudiar lo único que hasta entonces sabía hacer, pintar y dibujar. Por cuatro años me dediqué al dibujo y la pintura y a todo lo relacionado con las artes plásticas, desde lo más básico hasta los conceptos más complejos, siempre escribiendo como expresión alterna. En ese proceso descubro que la lectura, la pintura y el escribir eran procesos muy solitarios en mi vida. Mi generación no era una generación de lecturas ni de amor a las artes y eso hizo que mi desarrollo como mujer fuera muy selecto, muy exclusivo pero también muy solitario.

Hasta entonces escribir era parte de mi vida sin ningún tipo de pretensiones más que expresar alegría o dolor de forma creativa. En el 2001, por diferentes circunstancias conozco escritores con libros publicados, con buenos libros publicados. Eso abre puertas que nunca imaginé estaban tan cerca. Comencé a comprender que la escritura no tiene que ser un proceso privado ni tímido y mucho menos exclusivo de escritores ya establecidos que la gente lee pero nadie conoce. Recuerdo que trabajando en la entonces Casa de la Cultura, hoy Comisionado de Cultura, la gente iba a entregarle poemas y escritos al entonces Director de Literatura, Dr. Jorge Piña. Claro, yo ni tonta ni perezosa y con todo el terror posible, decido entregar una selección de lo que dos años más tarde sería mi primer libro de poesía, "Semejanza de lo eterno", publicado en el 2003, por la editora Búho. Recuerdo que él solo me dijo: "Aquí hay una poeta". Comienzo no sólo a revisar mi trabajo, también a leer a las poetas actuales y a estudiarlas. Recuerdo leer a las poetas Claribel Díaz, Marianela Medrano, Teonilda Madera, Yrene Santos, entre muchas otras. Quería leer a poetas dominicanas establecidas en este mundo literario, con la intención de conocer sus producciones y ver qué tan lejos estaba yo de ellas. Mi tarea era experimentar la excelencia, aprender un vocabulario nuevo, entender forma y ritmo. Descubrí en cada una de ellas, una intimidad muy personal, descubrí diferentes voces con cantos e historias diferentes, eso me gustó. Descubrí cuáles me gustan y cuáles no y por qué. Entendí que sí existe una tradición de escritura entre las mujeres poetas, una tradición de calidad y más que todo de seriedad en la escritura, entonces decidí ser poeta.

En el 2001 empiezo a trabajar con mi primer libro de poemas. Comienzo a escribir desde mí, con mis herramientas, mi yo. Escribo poemas como:

Ser de Migajas

Soy ese ser de migajas,
Que reverdece camino
Indecible a lo infinito,
Canto de memorias muertas es mi voz,
Boca de entorpecida palidez,
Paladar que revela lo falso de esta lengua...

En este poema expreso el batallar de lo que en ese momento estoy viviendo con el poema y la escritura y más que todo cómo me siento en ese mundo nuevo y extraño pero a la vez muy mío porque decido escribir desde mí. Un poema que muestra las inseguridades y los miedos que como escritora estoy enfrentado.

Todos los poemas de ese libro mantienen un afán más que por denunciar lo correcto o no de la vida, es un afán por experimentar la escritura desde mi ser con todas las inseguridades del que está a punto de mostrar lo que habla su alma cuando está verdaderamente sola, cuando nadie escucha, un viaje intimo hacia mi interior donde me acompaña la palabra y nada más. *Semejanza de lo Eterno* me hizo entender que los poetas por lo general son seres valientes.

Aprender a ser valiente desde la perspectiva del poeta es exponerse en diferentes vertientes, no sólo a las diferentes interpretaciones de tu trabajo, sino también al rechazo, al desprecio, a la burla, a la negación. Fueron muchas y diferentes opiniones que recibí con mi primer libro, desde decirme que no lo escribí hasta aconsejarme debería quemarlo. Recuerdo de poetas ya establecidas, haciéndome comentarios positivos de mi libro, y cuando les pedía permiso para publicar sus comentarios, me decían que no. Descubrirme poeta fue descubrir un mundo raro a la vez, un mundo de desunión y poca solidaridad, que nadie quiere hablar ni enfrentar. Yo niego ese accionar mediocre de la creación, porque la poesía es amor, es compartir, es desarrollo, es unión, es crecimiento compartido, es creación compartida. Nuestro desarrollo como poetas en esta sociedad anglosajona no existe con tertulias a puertas cerradas, ni comentarios positivos al silencio, ni con libros solitarios en las academias.

En el 2001 me enfrento con esas realidades sin saber qué hacer. Vuelvo a los libros buscando algo que me ayude a entender pero no aceptar. En esa búsqueda encuentro un libro que hasta el día de hoy tengo en la mesa de noche de mi cuarto. "Antología Histórica de la Poesía Dominicana del siglo" XX (1912-1995) por Franklin Gutiérrez. Ese libro me enseñó cómo se introduce el verso libre (El Vedrinismo) en la República Dominicana. Cómo luego vino el Postumismo de Domingo Moreno Jiménez, el grupo de los Nuevos del Cibao y Rubén Suro, Los Independientes del 40 con Pedro Mir, Manuel del Cabral y Carmen Natalia Martínez, la Poesía Sorprendida con Aída Cartagena Portalatín, el grupo del 40 con

Víctor Villegas, los independientes del 48 con Juan Sánchez Lamouth, La generación del 60 y los poetas de Post-Guerra, Mateo Morrison, Soledad Álvarez y claro, luego vinieron los grandes de la generación de los 80 y su poesía del pensar, como José Mármol y Martha Rivera por mencionar algunos. Con la lectura de ese libro descubro los protagonistas de nuestra literatura dominicana, sus creaciones, los medios que utilizan para difundir sus trabajos, cómo surgen y cómo desaparecen, quienes quedan y por qué, el papel de las diferentes dictaduras y su influencia en nuestro desarrollo intelectual y creativo. Es decir, estudié tanto que me convertí en una experta conocedora del desarrollo literario y poético de la República Dominicana.

En ese proceso descubro que aquí en New York, no existe una cátedra de literatura dominicana, ni dentro ni fuera de las Universidades. Como tampoco existen talleres literarios, de formación y estudio. En el 2002, decido crear el taller de escritoras Camila Henríquez Ureña. En el taller participan poetas y creadoras como Dinorah Coronado, Rosa Saldaña, Lina Beltré, Osiris Mosquea entre otras. Paralelamente al taller, consigo que el Instituto Dominicano de Periodismo en los Estados Unidos del cual yo era graduada, introduzca la cátedra de Literatura Dominicana, de la cual tengo más de 5 años como maestra y hace 2 años implementé también la cátedra de literatura Hispanoamericana, de la cual también soy maestra.

De alguna forma siempre sentí que mi desafío era mucho mayor al de mis compañeras escritoras, yo de casi todas me formé aquí, me crié aquí en los Estados Unidos. Nunca tuve una formación en español como la de ellas y por alguna razón siempre creí que ese factor iba en contra de mí como escritora latina. Sentía que eso me ponía en desventajas con relación a ellas.

Escribir no es lo mismo que hablar, el que escribe se expone a la revisión, a las críticas, al escrutinio de todo lo mencionado, existe un miedo frontal que sólo la pasión logra dominar. Ese proceso de convertirme en escritora, transforma totalmente mi existencia creando otras oposiciones y contradicciones, otros complejos e inseguridades pero también otras valoraciones, otras riquezas y otros orgullos. Con la creación de mi segundo libro, *"Mitología del Instante"* publicado por la prestigiosa editora Isla Negra, 2009, crecieron aún más mis retos. Un libro con demandas, búsquedas nuevas pero con el mismo sentido de intimidad. Siempre buscando exponerme y descubrirme un poco más. Demandando otros aciertos, jugando con la palabra y sus múltiples formas. En el poema "Quiéreme grande" existe ese juego que plantea un coquetear con la exactitud y confianza de las demandas, de eso que realmente se quiere en la vida, cosas tan simples como ser más y mejor madre y mujer.

Quiéreme grande
que he inventado mis propias
palabras para referirme al ser
y hablar conmigo misma
yo que he dejado de ser
mito en redención
que he trastornado
toda posibilidad fatal
de nuestro ser
para aguantar la caída

en lo desconocido
en el instante donde el mundo
encarcela mi voz
en el círculo infinito
de mis particularidades...

El libro fue escrito paralelamente con la realización de la Maestría de Literatura Creativa de de City College. Muchas de las perplejidades de ser escritora venían por incertidumbres de mis conocimientos con la lengua y parte de mi meta era romper con esas dudas y miedos. La experiencia y el proceso de completar la maestría en literatura creativa fueron apasionantes en todo momento. Estudiar de forma extensiva a mis escritores favoritos y descubrir otros nuevos, hicieron crecer mis valoraciones hacia la vida, no solo presente sino también pasada, sin duda alguna fortaleció la confianza al escribir. Redescubrí grandes escritores latinoamericanos y europeos, pero también descubrí la ausencia de los escritores dominicanos. Eso hizo que de alguna forma me acercara más a ellos. Estudié y leí a nuestros grandes literatos comparativamente con los grandes de la historia literaria universal. Estudié los movimientos literarios dominicanos, sus comienzos y desarrollos, sus protagonistas y sus grandes producciones, sin entender aún el por qué de la poca difusión a nivel internacional, ni cómo en un programa donde la mayoría son dominicanos no se nos brinda esa oportunidad. Conocí en el proceso excelentes profesores dominicanos que se enorgullecían diciendo que su tesis doctoral la habían hecho sobre los grandes escritores europeos o latinoamericanos. ¿Qué tan inaudito puede ser arriesgarse en apostar a lo suyo? ¿Por qué no hacerla sobre un Pedro Henríquez Ureña, por ejemplo?

En el mismo año que establezco el taller de Escritoras Camila Henríquez Ureña, decido crear un medio de difusión para los trabajos nuestros, no sólo de poesía sino también de ensayos, y produzco el Periódico Literario PALIMPSESTO, un periódico de difusión internacional que se distribuye en México, Venezuela, República Dominicana, Puerto Rico y España, conteniendo poemas, biografías, nuevas publicaciones, ensayos y críticas literarias de nuestros poetas de la diáspora.

Toda esa búsqueda hizo que me acercara mucho más a la literatura dominicana y decidí hacer mi tesis en la escritura femenina de las poetas de la diáspora. Aprendí rápido lo que me gusta y lo que no me gusta de nuestras poetas. Aprendí a ser exclusiva, no con las poetas, pero si con su trabajo creativo. Leí *Cuadrivio* de Octavio Paz y con este libro descubrí lo poco que nos gusta escribir de nuestros poetas vivos, y que el ensayo crítico no era tampoco muy frecuente entre nosotros. Entendí lo fácil que era para muchos querer a nuestros héroes muertos y lo imposible que era descubrir a los vivos. Como si escribir de los muertos fuese una travesía segura y confiable de posturas y criterios, sin importar que la misma no represente ningún tipo de desafíos ni retos, ni para quien los escribe ni para quien los lee.

La seriedad en la escritura y la disciplina son obsesiones que aprendí de otras poetas contemporáneas, entre ellas podría mencionar a Osiris Mosquea, Claribel Díaz e Yvelisse Fanith, poetas también accesibles a su realidad y a su entorno, y eso es muy importante porque las fortalece en su alto relieve y tesón artístico pero también les brinda validez a su trabajo retroalimentándolas unas de otras recíprocamente.

La forma de cómo llego a cada escrito no ha cambiado. Sigo escribiendo desde mí, desde mi interior, mis miedos, mis alegrías y mis perspectivas de la vida. Lo que sí ha cambiado son las herramientas de cómo llego a ella, que en definitiva es como llego a mí misma. Para eso busco aparte de buenas lecturas, el compartir en las ferias de libros, en los simposios literarios, en los encuentros internacionales de poetas, en los talleres, en las conferencias, en las escuelas primarias y secundarias porque en definitiva, eso es lo que es escribir: un conjunto de vivencias, de encuentros, relaciones y crónicas que en definitiva son de las que un escritor debe y puede nutrirse. En la pasada Feria Internacional del Libro en la Republica Dominicana, un grupo de escritores donde participaron Félix García, Osiris Mosquea y Jorge Piña, hicimos un recorrido de más de 16 escuelas públicas y privadas en menos de 4 días. Eso no sólo es pasión, eso es conciencia real del papel de un escritor, el cual debe promover su trabajo entre los jóvenes y nuevas generaciones de posibles escritores. Mostrar que sí es posible debe ser una misión ética de cualquier escritor. No quiero que en su adolescencia mi hija Kamila tenga que navegar por las mismas esferas de ignorancia que su madre atravesó, porque aunque exista la escritura, no vale si la misma se cree exclusiva de un grupo selecto, intocable o ajeno. No, todo lo contrario, me niego a esa realidad, me niego a que la literatura sea algo ajeno a ella o a nosotras. La literatura es amor y el amor es difusión, contagio, es tangible, es propio, los escritores somos gentes reales como lo es la creación.

La escritura cambia en cada línea y en su evolución me cambia creándome y transformándome en lo que quiero. La escritura parte de ese proceso inicial de inspiración inconsciente y yo busco conscientemente transformarla en un proceso de creación reflexiva. En mi trabajo creativo busco mi libertad en cada entrega, tal vez buscando esa libertad utópica que no siempre consigo en mi mundo real. La escritura debe ser liberación y autenticidad.

La escritura transcribe lo que realmente somos y sentimos, denuncia, a veces hasta lo que no se puede. Y es por esa razón que la escritura siempre representará nuevos retos y nuevas inseguridades porque con el transcurrir del tiempo más grandes serán mis ambiciones. Mis demandas serán diferentes y sus reclamos serán diferentes para conmigo también. La escritura es constante evolución no solo de ella en mí, pero de mí en mi propio ser. Pretender crecer y evolucionar con ella es un sueño inquebrantable. Los temores con cada libro, con cada entrega son diferentes. En mi tercer libro de poemas, *Ontología de la Palabra 2011* existen esos nuevos retos y enormes búsquedas. Un libro solidario con otros sufrimientos. Un libro que proyecta abordar el tema de la violencia doméstica desde una perspectiva del que muere, porque cuando muere una por violencia doméstica morimos todas.

Aspiro a que mi escritura sea muy mujer y dignifique lo que nosotras realmente somos, herramientas de amor y valentía. Las mujeres estamos sujetas a muchos complejos e inseguridades que son tan comunes que parecen normales. Estamos sujetas a mucha competencia y desunión entre nosotras mismas que nos dificultan los caminos del progreso. Somos constantemente bombardeadas desde los ángulos más arcaicos por aquellos que más amamos.

La poesía debe de ser ese espacio donde yo pueda jugar a otros mundos y quedarme fija en él por el tiempo que yo quiera, donde el amor por y para ella sea totalmente real y eterno. Creo en la mujer como creo en la poesía, porque somos el reflejo de cada una en nosotras mismas.

Cuando se escribe se juega a la eternidad y yo asumo el juego con pasión. Cuando escribo soy feliz, porque me siento libre y experimento una libertad auténtica que certifica mi verdadera esencia. Una esencia de libertad pura pero también irracional e insensata a toda la realidad de este mundo. La poesía es amor, porque todo lo auténticamente bello y verdadero está escrito en poesía. Soy feliz cuando escribo, soy muy feliz porque el amor para mi es poesía.

Yrene Santos

Nació en Villa Tapia, Provincia Hermanas Mirabal, República Dominicana. Estudió Arte Escénico en el Palacio de Bellas Artes, y Educación mención Filosofía y Letras en la Universidad Autónoma de Santo Domingo. Tiene una maestría en Literatura Hispanoamericana en City College en la ciudad Nueva York (CUNY). Profesora de español en York College, el Center for Worker Education (CCNY) y St. John's University. Libros publicados: *Después de la Lluvia*, editorial Ángeles de fierro, República Dominicana, 2009, *Por Si Alguien Llega*, editorial El barco Ebrio y Homo Scriptum (Nueva York, 2009) Co-autora del libro: *Desde la Diáspora: Cuentos y poemas de niños y niñas dominicanas* (New York, Editorial Cayena, Inc. 2005) *El Incansable Juego*, Letra gráfica (2002), Reencuentro, editorial La Candelaria, Nueva York (1997), *Desnudez del Silencio*, editora Búho, República Dominicana (1988).

VII. De dónde viene la poesía

Yrene Santos

Mi Infancia sin Mar

Siempre me ha fascinado el mar. Mirarlo hasta donde lleguen mis ojos. Las olas del mar traen consigo un sonido que se desarma, que se extiende, haciéndome sentir distinta. No tuve mar cuando niña. Lo conocí a los nueve años. Mi infancia transcurrió en el campo; cerca de la casa crecían los aguacates, los plátanos, las matas de cacao, las naranjas y un huerto generoso donde abundaba el cilantro. Con mi hermana Carmen y mi hermano Norberto jugué con la tierra pretendiendo que era arroz y piedras pequeñitas como habichuelas, rabo de gato blanco como ajo y rabo de gato rojo como cebolla. Nuestras pailas eran las jícaras de coco seco. Hacíamos de nuestra infancia un mundo intocable. Crecí bañándome en las aguas cristalinas del único río de mi pueblo. De mañanita, con mi madre y mis hermanas, buscaba agua para llenar las barricas y las tinajas. Más tarde, íbamos a enjuagar la ropa y aprovechaba ese instante para quedarme desnuda, medio escondiéndome de cualquier hombre que por allí pasara. Entonces ellas y yo nos zambullíamos para disfrutar del agua mansa y fresca.

De todos estos recuerdos y muchísimos más me sostengo, me aferro para no olvidar jamás mis vivencias, mis costumbres, mis alegrías. Cómo olvidar el Santo Rosario en familia a las seis de la tarde transmitido en Radio Santa María, cómo olvidar los refunfuños de mi papá, por el escándalo de nuestra risa, cómo despegarme de la memoria esos recuerdos: "versos y canciones para ti", "una voz al caer la tarde", "cien canciones y un millón de recuerdos", "las canciones de la vieja ola", "las radio-telenovelas de las diez: "La torre del Diablo", "Kazan el cazador", "La rebelión de la juventud", "Kalimán"; entre otras. Cómo expulsar de mi cabeza a "Tres Patines y la tremenda corte" seguidos de los "danzones cubanos" programas que me indicaban que ya eran las doce del mediodía y que no debía estar en casa ajena porque era la hora de repartir la comida. Esos programas que diariamente después de comer escuchaba Luis, mi primo, ese que se fue de sorpresa, dejando un hoyo ancho y hondo en mi alma.

Mudanza y Afianzamiento

Más adelante llegó la mudanza, y con ella, una nueva etapa en mi vida, otra realidad en la que se producirían otros encuentros, otras palabras, miradas, responsabilidades, otras vivencias y por tanto, nacerían otros recuerdos. Mudanza una, mudanza dos, tres, cuatro, hasta llegar a once. Once mudanzas, once realidades entrelazadas por distintas situaciones, pasiones, necesidades, obligaciones: la universidad, el teatro, la creación, la rebeldía, el matrimonio, las llegadas y las despedidas, los hijos, el aturdimiento, y los fantasmas aparecieron para poblar mi cerebro. Mi cerebro es una ciudad grande de laberintos y caminos claros de inocencia y atrevimientos, de miedos y riesgos. Por eso no me es posible desprenderse de nada de aquello, porque todo va y viene conmigo adonde quiera que me mueva. Son mi sombra, mis aguaceros y mis soles. Con ellos me cobijo para seguir adelante, para morir con la edad. Para conocerme y reconocerme. Para conocer y reconocer la fortaleza y debilidad del ser humano. Para saber cada día quién soy y qué busco.

Un día vine para acá con hileras de lágrimas
Con mundos de risas
Allá dejé cuerpos que me aman
Corazones fracturados desde antes del abrazo
Ese que dividiría esta vida… en un antes y un después
Vine para acá con el vientre preñado de ternura
Jardín completo creciendo alegre…

¿Cómo separar mi trabajo literario del diario vivir? ¿Cómo romperme en dos y después decir que mi poesía no conoce mi cuerpo; su alegría, su pena, su encanto? ¿Cómo volverme otra y decir que mi cuerpo y mis recuerdos nada tienen que ver con mi poesía? ¿Cómo decir que la nostalgia y los desafíos que me planteo cada día no tienen o no deben de aparecer en todo lo que escribo? ¿Cómo escribir solo haciendo juego de palabras sin sentir alguna emoción o expresar que no me interesa llevar ningún mensaje, que no busco o no me interesa que nadie me entienda?

En la década de los ochenta, donde se me incluye, había un grupo que sostenía que su trabajo literario nada tenía que ver con amores ni tragedias; con la concientización de los pueblos ni mantener los recuerdos de las distintas etapas de la vida; que la literatura era una manera de demostrar sus conocimientos sobre los pensadores (filósofos, historiadores, escritores, etc.) algo que les interesaban para hacer alarde de todo lo que se habían leído.

La presencia de la historia personal en mi poesía está desde el recuerdo más vago de mi infancia, desde mis seis meses de edad, fecha en que murió mi segunda hermanita cuando ella apenas contaba con cinco años; al recordarla, mis padres me repiten que Yuyi, como la llamaban, les decía: "Tráiganme a la muchachita, déjenme cargar a la bebé". De manera que mi historia personal está en mi poesía a través de los recuerdos y las anécdotas que me contaban mis padres y tíos. Por estas historias familiares me enteré de que mi abuela Elvira fue plantada el día de su boda y que después se casó con mi abuelo Eugenio, de quien no estaba enamorada, pero que sus padres consideraron que era un hombre trabajador. ¿Cómo escribir aislando todas estas memorias de mis metáforas, metáforas de alegrías, faltas, frustraciones, reconciliaciones, reflexiones, denuncias, si para eso escribo?

Encuentro con la Poesía

Una tarde, mientras estaba de vacaciones en la casa de uno de mis primos en la capital, encendí el televisor. No recuerdo el nombre del programa ni el canal en que se transmitía; lo que sí recuerdo fue ver a Sonia Silvestre interpretando una canción dedicada a las hermanas Mirabal. Ese instante, esas palabras, esa música fueron suficientes para darle un giro a mi vida. A partir de esa tarde empecé a percibir una sensación nueva. Cuando terminó el programa, me fui al pequeño cuarto donde dormía, situado en el patio de la casa en el barrio Los Minas. Me encerré, tomé una mascota y comencé a escribir. Recuerdo que escribí dos páginas divididas en estrofas de cuarto versos. Eran largos y rimaban. Desde ese día esas ganas de decir lo que siento a través de la poesía no ha cesado. Al año siguiente me mudé a la capital. Había terminado el bachillerato y mi primo me ofreció su casa para que pudiera asistir a la universidad. En medio de la alegría de saber que iría a la Universidad Autónoma de Sato Domingo (UASD), el llanto de mi familia y yo a la hora de despedirnos, estaba la posibilidad de hacer una carrera con la que ayudaría a mejorar la situación económica de mi hogar de nacimiento; lamentablemente, hasta el presente siento que no cumplí con lo que me había propuesto. Ya en la universidad, tomando cursos de Pedagogía, Literatura, Filosofía, entre muchas otras, los ideales, la rebeldía, el romanticismo, toda una mezcla de emociones alborotaban mi alma y mi cuerpo. En esa década, si no me falla la memoria, en el año 1983, en una clase de teoría literaria impartida por el escritor Diógenes Céspedes, conocí a Zaida Corniel. También en la UASD, durante una clase de estadística, conocí al poeta José Sirí, con quien conversaba muy a menudo. Un día, me comentó que escribía y que pertenecía al Taller literario Cesar Vallejo, el cual era y continúa siendo una dependencia del Departamento de Difusión Artística y Cultural de la UASD, en ese entonces bajo la dirección del poeta Mateo Morrison. Zaida y yo éramos un par de jovencitas llenas de vida, con mucha energía, y deseos de experimentar nuevos placeres. Los sábados a las cuatro de la tarde se reunía el grupo de poetas, narradores, cineastas, pintores en el taller literario. Una tarde, Zaida y yo nos presentamos atendiendo a la invitación de Sirí. Por aquella época, el taller era dirigido por el poeta Tomás Castro. En el mismo participaban Miguel Antonio Jiménez, Carlos Márquez, a quien recuerdo muy bien por su picardía y porque declamaba el poema "Hay un país en el mundo" de la autoría de Pedro Mir, nuestro Poeta Nacional. También recuerdo a Ylonka Nacidit Perdomo, Plinio Chahín, César Zapata, Juan Manuel Sepúlveda, León Félix Batista, José

Alejandro Peña, Rafael Tejada, Eduardo Lantigua, Marcial Mota, Leopoldo Minaya, Rubén Ventura-Taylor, Santiago Bonilla (Santibón), seudónimo con el cual se presentó entre otros, durante un tiempo.

Nuestras visitas al Taller César Vallejo se repitieron sábado tras sábado. Como notarán, y siempre fue así, la presencia de los hombres era muy grande. Apenas tres o cuatro mujeres como adornos de salón. Para ser miembro del taller debíamos cumplir con un requisito, el cual consistía en leer una muestra de nuestros trabajos en unas de las secciones sabatinas, y someternos a los comentarios, preguntas y sugerencias de los presentes. Del resultado de aquellas lecturas dependía la membresía de cada quien. Antes de llegar ese día pasamos por el departamento de difusión, donde Tomas Castro escucharía parte de nuestra creación literaria. Observé que cuando Zaida leyó uno de sus cuentos, Castro le dio una buena acogida, dijo que tenía mucha fuerza, sin embargo cuando yo leí mis poemas su reacción no fue la misma; fue amable pero hizo un comentario sobre la rima y dijo además que sonaban algo panfletarios, pero de todos modos se me permitió mi tarde. Cuando me fui a casa me dije: "lo que tengo que hacer es romper la rima y usar palabras que impresionen como las que usan ellos." Por fin llegó el sábado. Zaida leyó y recibió buenos comentarios. Entonces me tocó a mí. Aún recuerdo esos minutos en que la audiencia sonreía, alzaban las cejas y movían sus caras con un gesto de afirmación. Tomás fue el primer sorprendido; estas fueron las palabras que usó: "Yo estoy realmente sorprendido. El Martes Yrene vino y me leyó algo muy distinto a lo leído aquí". Dijo que no podía creer que en tan pocos días yo haya cambiado el estilo, y me exhortó a que continuara trabajando seriamente. En sentido general, recibí muchos comentarios positivos. Siempre he sentido no guardar esos poemas, me reiría mucho, pero también me darían la oportunidad de ver las diferencias. Quizás estén en Villa Tapia en algún rincón, aunque lo dudo.

En aquella reunión, Sepúlveda pidió el último turno de la tarde. Comentó que él vivía muy cerca de donde estábamos y que su biblioteca era bastante grande y estaba a mi orden para que supiera usar bien las palabras porque según él, usé la palabra "paroxismo" de una manera incorrecta. Él lo dijo con cierta ironía, pero lo tomé por el lado amable porque al fin y al cabo, él era así casi con todos los integrantes y quizás, en el diario vivir era lo mismo, pero también yo reconocía que estaba empezando y que me hacían falta muchas lecturas, ponerme al día, así que se lo agradecí. Mateo Morrison llegaba de vez en cuando a escuchar, a ver cómo estaba funcionando el taller. Me escuchó en varias ocasiones y siempre tuve un gran apoyo de su parte. En los años siguientes tuve la oportunidad de compartir con Manuel del Cabral, Víctor Villegas, Pedro Mir, Tony Raful, Federico Jóvine Bermúdez, entre otros. Mi vida estaba dedicada por completo a la vida universitaria, a mis clases de arte dramático en Bellas Artes, y al César Vallejo. Confieso que hasta llegué a faltar a algunas clases de Filosofía por estar en los ensayos de teatro.

Una noche muy especial fue la del 3 de abril del año 1987 cuando Mateo Morrison presentó ante el Salón de Conferencias de la Biblioteca Nacional a un grupo de jóvenes mujeres poetas. "Al iniciar la Primavera" se llamó aquel recital, donde Aurora

Arias, Mayra Gutiérrez, Nelly Ciprián, Ylonka Nacidit-Perdomo, Marianela Medrano e Yrene Santos se convirtieron en el centro de atención de la noche. El profesor Juan Bosch, el poeta Víctor Villegas, y el entonces director del periódico *La Noticia*, nos acompañaron en la mesa. A partir de ese momento nos convertimos en "las poetas del momento".

La poesía que yo escribía en ese tiempo, igual que la de la mayor parte de mis compañeras, era una poesía desafiante, rebelde, apasionada, sexual, sensual que nos dedicamos a llevar a partir de aquel recital por diferentes ciudades del país: Barahona, Santiago, San Pedro de Macorís, Bonao, entre otras. Un año después de esa presentación pública, publiqué mi primer libro "Desnudez del Silencio". No puedo quejarme. Siempre he tenido el apoyo de mis amigas/os. Con contadas excepciones de algunos que me decían que no debía publicar, que ese no era el momento, que no debía apresurarme, incluso alguien expresó que en el libro "sólo había una línea que servía" y que no sabía cómo la había escrito; cito el verso: "y ese adiós que se pierde entres los dientes."

Nunca olvidaré la dedicación y entrega de Silvano Lora creando la portada y las ilustraciones interiores de ese mi primer libro, las palabras de Bruno Rosario Candelier que sirvieron de prólogo, los comentarios y los consejos de Ángela Hernández, Carmen Sánchez, José Rafael Sosa. La presencia de mi familia, mis compañeros de Bellas Artes, del taller César Vallejo; Aidee Tallaj tocando el piano, Alberto Bass, Ramón Pareja, entre periodistas, canales de TV: tuve una gran aceptación. Las imágenes en mi poesía eran invitaciones a la liberación de prejuicios y al rompimiento de tabúes que nos mantenían atadas a una crianza conservadora, tradicional. Por esa razón, algunos "machos" mal interpretaban adrede nuestras voces y sin tapujos nos sugerían una salida íntima con ellos. Uno de ellos llegó a proponerme una relación "erótica-literaria." Asumían que, a juzgar por nuestra poesía, nosotras estábamos deseosas de ser tocadas, que estábamos, como dicen por ahí, "falta de hombre".

Para 1989, una nueva experiencia llenaba mis días. Convertirme en madre tres veces en cuatro años, indudablemente, edificaría otra realidad en mi trabajo creativo y el hogar. Durante ese tiempo estuve alejada del público, pero no de la poesía puesto que continuaba escribiendo aunque no con la misma regularidad de mujer soltera y sin grandes compromisos. Además de los salones de la Casa de la Cultura de la UASD que funcionaba en la Zona colonial, me mantenía en contacto con Ángela Hernández, José Sirí, Félix Betances, Zaida Corniel y Marianela Medrano, para mencionar algunos, porque no nos unía solamente la literatura sino que habíamos creado una bella amistad.

Todo ese tiempo me sirvió para reflexionar sobre la vida, sobre mis sentimientos hacia el ser humano, lo cual me permitió conocerme más, definir mi condición de mujer, madre y poeta, enseñándome a tener una voz propia, expresarme libremente, ser desinhibida; desde luego, sin caer en la vulgaridad. Un ejemplo es el siguiente poema:

Créeme
Hace falta un espacio
en la garganta
un silencio roto
un ojo sacudiendo el miedo
un poema
comulgando en nuestra cama.

Los Estados Unidos

El 10 de febrero del año 1992, llegué a Nueva York con dos varoncitos de uno y dos años y casi siete meses de embarazo del que resultaría una niña hermosa. Siempre he oído que la felicidad no existe por completo. En lo que me cabe, puedo decir que esto tiene algo de cierto. Al emigrar, me reuní al fin con mi compañero después de tantas despedidas, lágrimas y ausencias; estaba más cerca de mis hermanos/as, los cuales habían salido de casa años atrás. Vine a los Estados Unidos con mis hijos, es decir, que no pasé por la tristeza de dejarlos en la República Dominicana, pues nos dieron la residencia a los tres. Era nuestra primera vez en un avión. En contraparte, este viaje me separó de mis padres y los hermanos/as que quedaban en Villa Tapia. Ese día de febrero llegamos a la ciudad del "sueño americano". Basta con decir que todo lo acontecido desde ese período hasta el presente ha contribuido al cambio de imágenes en mi literatura, a la transformación de las metáforas, el trabajo de nuevos temas, el sobrevivir a tempestades inesperadas, reconstruir ideas, pensamientos y la búsqueda de una nueva identidad. De verme hacia dentro y sacar todo lo que quiero para sentirme libre, pues no me soporto ahogada en mí misma.

La Tertulia en Casa de Daisy Cocco De Filippis

Debo combatir para que otras combatan, y para todo esto, la máxima ayuda, la más grande influencia fue la Tertulia de Escritoras Dominicanas en los Estados Unidos, tertulia que se llevó a cabo a partir de julio del 1994, en la casa de la Dra. Daisy Cocco de Filippis.

Allí tuve un hogar, una segunda familia que sentía con la confianza de observar mi trabajo, de sugerirme, de ofrecerme apoyo. En ese grupo participaban Marianela Medrano, Virginia Moore, Annecy Báez, Nelly Rosario, Sonia Rivera-Valdés, Paquita Suárez-Coalla, Josefina Báez, Dinorah Coronado, Margarita Drago. Además contamos con la presencia de Ynoemia Villar, Zaida Corniel, Isabel Espinal, Rosa Sánchez, Mirna Nieves, Lourdes Vásquez; entre otras. Allí estaban todas para dar, alentar, y recibir, siempre con una actitud positiva y un gesto de solidaridad.

Hoy

En la actualidad, en mi apartamento están mis hijos, con quienes vivo. Están los olores, las preguntas con o sin respuestas, las llamadas, los toques a la puerta, las visitas anunciadas, también las inesperadas pero bien recibidas; está mi cama donde pienso y escribo, donde río y me enojo a medias, donde lloro y canto; donde me reencuentro con el pasado.